VARICES

Alimentos y Plantas Medicinales

Isabel M. Rivero

AVISO LEGAL Y CREDITOS

VARICES Alimentos y Plantas Medicinales.
Copyright ©2018 Isabel M. Rivero
Todos los derechos reservados

Tercera edición, ampliada: Septiembre 2024
Fotografías de: Buntysmum y Marikusa via Pixabay

Este libro proporciona información general y no sustituye el asesoramiento médico profesional. Ni el editor ni la autora serán responsables de daños de cualquier tipo derivados del uso de este contenido. El lector asume la responsabilidad total por sus decisiones, acciones y resultados.

Este libro debe utilizarse únicamente como referencia y nunca como un manual médico. Su propósito es ayudarle a tomar decisiones informadas sobre su salud. No pretende sustituir ningún tratamiento que su médico le haya indicado.

Prólogo: Una Guía para el Bienestar

Queridas lectoras y lectores,

¡Bienvenidos a este viaje hacia una mejor salud! Desde que comencé a compartir mis conocimientos y experiencia, mi mayor motivación ha sido poder contribuir de manera positiva a sus vidas. Por eso, a través de estas páginas, quiero ofrecerles información valiosa y recursos prácticos que realmente puedan ayudarles a sentirse mejor.

En este libro, cada consejo y remedio ha sido cuidadosamente seleccionado por su efectividad comprobada y facilidad de aplicación en el día a día. Encontrarán no solo plantas medicinales, suplementos y alimentos accesibles, sino también información médica detallada sobre este problema de salud, consejos adicionales y respuestas a las preguntas más frecuentes, para que tengan una guía práctica, completa y confiable.

Mi meta es que esta obra sea su compañera valiosa y práctica, un recurso donde hallarán herramientas concretas para acompañarles en su camino hacia una vida más saludable y plena. Saber que este trabajo tiene un impacto positivo me llena de alegría y me motiva a seguir adelante. Aunque escribir requiere esfuerzo, tiempo y constancia, comprobar que mis libros marcan una diferencia real en sus vidas es mi mayor recompensa.

Y porque sus experiencias son mi mayor fuente de inspiración, me encantaría que me escribieran contándome sobre sus avances. Pueden contactarme en mi correo electrónico: **isabelmriveror@gmail.com**, donde estaré encantada de leer sus historias y comentarios.

Espero de corazón que esta guía práctica se convierta en su pilar indispensable en el camino hacia una mejor salud y bienestar. Gracias por permitirme ser parte de vuestra vida. Con cariño,

Isabel

INTRODUCCIÓN

En el camino hacia una salud plena, es vital entender que ningún remedio "milagroso" –ya sea un medicamento, planta, suplemento o alimento– puede solucionar una enfermedad de manera aislada. Asimismo, centrarse exclusivamente en ocultar o aliviar los síntomas, sin abordar la "causa" subyacente, suele conducir a recaídas frecuentes. En cambio, tratar la raíz del problema no solo alivia los síntomas de forma gradual, sino que también promueve una recuperación verdadera, sostenible y duradera.

Quizá algunas veces has sentido frustración porque ciertos fármacos no funcionan como esperabas. Esto ocurre porque la salud, para ser realmente restaurada, requiere un enfoque "integral", orientado desde su origen hacia la causa real del problema. Este enfoque abarca mucho más que tratamientos efectivos: incluye también adoptar mejoras en nuestra alimentación (como base de la nutrición celular), priorizar un sueño reparador, manejar el estrés adecuadamente y mantener un estilo de vida saludable. Estos pilares no solo favorecen la recuperación, sino que también fortalecen tu confianza en el proceso y optimizan la increíble capacidad natural de tu cuerpo para sanar.

Este libro es una puerta de entrada hacia esa filosofía integral de salud. En el primer capítulo, descubrirás información clave para identificar las causas principales relacionadas con esta patología. Profundizaremos en los síntomas característicos, los distintos tipos de la afección, señales de alarma que no deben ignorarse, complicaciones comunes, y los consejos y pruebas médicas que son fundamentales para alcanzar un diagnóstico preciso. A partir de ahí, los capítulos siguientes estarán dedicados a temas como la alimentación, menús sugeridos para el día a día y enfoques naturales, incluyendo suplementos y remedios a base de hierbas, para crear un progreso constante hacia tu bienestar.

Aunque tienes la libertad de elegir y adaptar las ideas que sean más útiles para ti, no te pierdas el capítulo titulado "**Plan práctico recomendado**". Este apartado se convertirá en una guía fundamental, que reúne de manera sencilla y accesible todos los elementos esenciales de un enfoque integral. Desde ahí, podrás navegar entre los diferentes capítulos y emplear aquellas estrategias que mejor se ajusten a tus necesidades y preferencias personales.

Es importante subrayar que todas las sugerencias presentadas en este libro están respaldadas por evidencia científica. No se trata de opiniones ni soluciones improvisadas, sino de información verificada que asegura resultados fiables. Al final de la obra, encontrarás referencias detalladas y estudios científicos que fundamentan cada propuesta. Esto no solo te ayudará a sentirte más segura/o al ponerlas en práctica, sino que también reforzará tu confianza de estar tomando decisiones informadas para cuidar de tu salud.

LAS VARICES

Las varices son una afección médica muy común que afecta a un gran número de personas. Se presentan como venas superficiales dilatadas y alargadas, especialmente en las piernas. Surgen cuando las válvulas venosas, encargadas de evitar que la sangre fluya hacia atrás, se debilitan o dañan. Esta disfunción dificulta la circulación adecuada de la sangre, provocando un estancamiento y acumulación que termina afectando a las venas implicadas.

Las venas de las piernas tienen la tarea de devolver la sangre al corazón, desafiando constantemente la gravedad. Para lograrlo, incorporan válvulas unidireccionales que dirigen la sangre hacia arriba y bloquean su retorno. Cuando estas válvulas dejan de funcionar correctamente, la sangre tiende a acumularse, aumentando la presión venosa y ocasionando el desarrollo de las varices.

El impacto de las varices no es solo estético. Las venas afectadas, dilatadas y visibles bajo la piel, adoptan tonos azulados o morados que pueden provocar incomodidad emocional a quienes las padecen. Pero más allá de su apariencia, viene acompañado de molestias como pesadez, hinchazón, dolor, picores, calambres o una mayor sensibilidad. Estos síntomas pueden afectar considerablemente la calidad de vida, y suelen agravarse al permanecer mucho tiempo de pie o sentado.

El origen de las varices se asocia con el deterioro de las válvulas venosas, lo que provoca un flujo inverso y, en consecuencia, el aumento de presión sobre las paredes de las venas. Con el tiempo, esta presión constante provoca su debilitamiento y dilatación, formando las denominadas dilataciones varicosas, que empeoran con la progresión de la afección.

Un factor importante en su aparición es la hipertensión venosa, que dificulta el retorno de la sangre hacia el corazón debido a válvulas defectuosas o incluso a la presencia de obstrucciones. Este aumento de presión compromete la resistencia de las venas, favoreciendo su fragilidad y su desarrollo anómalo. Otro elemento clave es la calidad del tejido conectivo que recubre las paredes venosas, ya que el desgaste de componentes como el colágeno y la elastina puede hacer que las venas pierdan su flexibilidad y resistencia. Este proceso puede verse acelerado por la predisposición genética, la edad, los cambios hormonales o ciertas condiciones médicas, incluidas las derivadas del embarazo.

El estilo de vida también tiene un impacto significativo en la aparición de las varices. Mantenerse sentada/o o de pie durante largos períodos ralentiza el retorno venoso, lo que aumenta la presión en las venas y favorece la acumulación de sangre en las mismas. El sedentarismo, sumado a los cambios posturales deficientes, refuerzan este problema.

En el caso de las mujeres, los cambios hormonales también tienen un papel determinante. Hormonas como los estrógenos pueden debilitar las paredes venosas y favorecer su dilatación. Esta vulnerabilidad se intensifica durante el embarazo debido a un mayor volumen de sangre y al peso del útero, que ejerce presión adicional sobre las venas. Por este motivo, las mujeres suelen enfrentar un mayor riesgo de padecer varices, especialmente en esta etapa de sus vidas.

Además, la inflamación tiene un impacto crucial en el desarrollo y la progresión de las varices. La acumulación prolongada de sangre en las venas genera una respuesta inflamatoria que compromete aún más la resistencia de las paredes venosas y agrava su degeneración con el paso del tiempo.

Las varices, en definitiva, son el resultado de la interacción de múltiples factores: insuficiencia valvular, hipertensión venosa, alteraciones del tejido conectivo, déficits en la circulación, influencias hormonales y procesos inflamatorios crónicos. Todos estos elementos combinados, incluyendo la predisposición genética, contribuyen al avance de esta patología, cuyo entendimiento resulta fundamental para optimizar tanto su diagnóstico como su tratamiento.

Aunque en la mayoría de los casos no representan un riesgo grave para la salud, las varices pueden generar molestias que afectan profundamente el bienestar físico y emocional de quienes las padecen. Los síntomas, como el dolor, la sensación de pesadez, los picores o los calambres, son frecuentes y pueden volverse más intensos tras pasar largos periodos de tiempo sin moverse. Además, su impacto no se limita al aspecto físico: muchas personas experimentan inseguridad debido a la apariencia de sus piernas, lo que puede influir negativamente en su autoestima.

Sin embargo, es importante recordar que no estás sola o solo en este camino y que existen soluciones que pueden marcar la diferencia. Incluso en los casos más avanzados, abordar las varices adecuadamente permite aliviar los síntomas, prevenir complicaciones y recuperar una mejor calidad de vida. Este libro está diseñado para apoyarte, proporcionándote información detallada, consejos útiles y remedios naturales que te ayudarán a retomar el control sobre tu bienestar. ¡Anímate! El conocimiento es el primer paso para cuidar de ti y sentirte mejor.

Tipos de varices

Las varices no son todas iguales, ya que pueden manifestarse de diferentes formas dependiendo de sus características y de las áreas del cuerpo donde se localicen. A continuación, te invito a descubrir los principales tipos de varices para entender mejor sus particularidades y cómo afectan tu bienestar.

- **Varices de las extremidades inferiores**: Este es el tipo más común de varices y afecta principalmente las piernas. Las varices de las extremidades inferiores se caracterizan por la dilatación de las venas superficiales, que se vuelven tortuosas y prominentes. Pueden ser de color azul o morado y a menudo se ven como protuberancias o cordones debajo de la piel. Las varices de las piernas pueden estar asociadas con síntomas como dolor, hinchazón, picazón, pesadez y calambres musculares.

• **Varices esofágicas**: Las varices esofágicas son venas dilatadas en el esófago, el tubo que conecta la boca con el estómago. Este tipo de varices suele ser el resultado de una enfermedad hepática subyacente, como la cirrosis, que causa un aumento de la presión en las venas del sistema portal. Las varices esofágicas pueden ser peligrosas, ya que pueden sangrar y causar hemorragias graves. Por lo tanto, es importante controlar y tratar adecuadamente las enfermedades hepáticas para prevenir su aparición.

• **Varices pélvicas**: Las varices pélvicas son venas dilatadas en la región pélvica, que incluye el útero, los ovarios y la pelvis. Estas varices pueden ser causadas por una insuficiencia venosa en las venas de la pelvis, lo que provoca una acumulación de sangre y la dilatación de las venas. Las varices pélvicas pueden ser asintomáticas en algunos casos, pero en otros pueden causar dolor pélvico crónico, dolor durante las relaciones sexuales, sensación de presión en la pelvis y alteraciones en el ciclo menstrual.

• **Varices vulvares**: Las varices vulvares son venas dilatadas en la región genital externa de la mujer, es decir, en los labios mayores y menores. Estas varices pueden ser causadas por una insuficiencia venosa en las venas de la región pélvica, que provoca una acumulación de sangre en las venas vulvares. Las varices vulvares pueden ser dolorosas y causar molestias durante el embarazo y el parto, así como durante el ciclo menstrual.

• **Varices hemorroidales**: Las varices hemorroidales son venas dilatadas en el área del ano y el recto. Son comunes y pueden ser causadas por un aumento de la presión en las venas hemorroidales, como el estreñimiento crónico, el embarazo o el levantamiento de objetos pesados. Las varices hemorroidales pueden causar síntomas como dolor, picazón, sangrado y sensación de ardor.

• **Varices faciales**: Las varices faciales, también conocidas como arañas vasculares o telangiectasias, son venas dilatadas que aparecen en la cara, especialmente en las mejillas, la nariz y la frente. Estas varices son pequeñas y se ven como líneas rojas o azules en la piel. Aunque generalmente son de naturaleza cosmética y no causan síntomas, algunas personas pueden experimentar enrojecimiento, sensibilidad o ardor en las áreas afectadas.

• **Varices reticulares**: Las varices reticulares son venas dilatadas más grandes que las arañas vasculares pero más pequeñas que las varices de las extremidades inferiores. Estas varices se ven como una red o malla en la piel y pueden ser de color azul verdoso o rojizo. A diferencia de las varices de las piernas, las varices reticulares generalmente no causan dolor o molestias significativas, pero pueden ser un problema estético para algunas personas.

• **Varices de la pelvis**: Las varices de la pelvis, también conocidas como varices pélvicas profundas, son venas dilatadas que se encuentran en el área de la pelvis. Son más comunes en las mujeres y pueden estar asociadas con el embarazo, los cambios hormonales o la presión ejercida sobre las venas debido a la posición del útero. Las varices de la pelvis pueden causar dolor pélvico crónico, malestar durante las relaciones sexuales y pueden ser una causa de infertilidad en algunos casos.

• **Varices congénitas**: Algunas personas pueden nacer con varices, lo que se conoce como varices congénitas. Estas varices pueden ser el resultado de una malformación en las venas desde el nacimiento. Aunque son menos comunes que las varices adquiridas, pueden ser más severas y requerir un tratamiento más agresivo.

• **Varices secundarias a condiciones médicas**: Algunas afecciones médicas pueden aumentar el riesgo de desarrollar varices. Por ejemplo, la insuficiencia cardíaca, el síndrome de Cockett (compresión de la vena ilíaca por la arteria ilíaca), la trombosis venosa profunda y el síndrome de May-Thurner (compresión de la vena ilíaca izquierda por la arteria ilíaca derecha) pueden llevar al desarrollo de varices como resultado de la alteración en el flujo sanguíneo.

• **Varices espinales**: Las varices espinales son venas dilatadas que se encuentran en la médula espinal. Este tipo de varices es raro y puede ser causado por una malformación congénita o una lesión en la columna vertebral. Las varices espinales pueden comprimir los nervios y causar síntomas como dolor de espalda, debilidad muscular, pérdida de sensibilidad e incluso problemas en el control de la vejiga o los intestinos.

• **Varices viscerales**: Las varices viscerales son venas dilatadas que se encuentran en los órganos internos, como el hígado, el bazo o los intestinos. Estas varices pueden ser el resultado de una enfermedad hepática grave, como la cirrosis, que causa un aumento de la presión en las venas del sistema portal. Las varices viscerales pueden ser peligrosas, ya que pueden sangrar y causar complicaciones graves, como hemorragias internas.

• **Varices labiales**: Las varices labiales son venas dilatadas que se encuentran en los labios y la boca. Aunque son poco comunes, pueden ser el resultado de una insuficiencia venosa en los vasos sanguíneos de los labios. Las varices labiales pueden ser dolorosas y causar molestias al hablar, comer o incluso al sonreír.

Si las varices te preocupan o experimentas molestias relacionadas, no dudes en buscar la orientación de un especialista en venas. Este profesional está capacitado para realizar una evaluación completa, que incluye un examen físico detallado, la revisión de tu historial médico y, en caso necesario, la realización de pruebas específicas. ¡Dar este paso puede marcar una gran diferencia!

Síntomas

Las varices pueden provocar una amplia gama de síntomas, cuya intensidad y nivel de incomodidad pueden variar de una persona a otra.

• **Apariencia visible**: Uno de los síntomas más evidentes de las varices es la presencia de venas dilatadas y tortuosas que son visibles a simple vista. Estas venas pueden tener un color azul oscuro o morado y pueden sobresalir por encima de la superficie de la piel. Las varices tronculares suelen ser las más grandes y prominentes, mientras que las varices reticulares y las arañas vasculares (telangiectasias) son más pequeñas y se ven como ramificaciones o redes en forma de araña.

• **Sensación de pesadez o cansancio en las piernas**: Muchas personas con varices experimentan una sensación de pesadez o cansancio en las piernas, especialmente después de estar de pie o sentadas durante largos períodos de tiempo. Esto se debe a que la acumulación de sangre en las venas afectadas ejerce presión adicional en las piernas, dificultando el retorno venoso y provocando una sensación de fatiga o pesadez.

• **Dolor o malestar**: Algunas personas pueden experimentar dolor o malestar en las piernas debido a las varices. Este dolor puede variar desde una sensación de ardor o picazón hasta calambres musculares o sensibilidad en las áreas afectadas. El dolor puede empeorar al estar de pie o caminar durante largos períodos de tiempo y mejorar al elevar las piernas o descansar.

• **Hinchazón**: La acumulación de sangre y la presión en las venas afectadas por las varices pueden provocar hinchazón en las piernas y los tobillos. Esta hinchazón, conocida como edema, suele ser más pronunciada al final del día y puede mejorar con el reposo y la elevación de las piernas.

• **Calambres nocturnos**: Algunas personas con varices pueden experimentar calambres musculares en las piernas durante la noche. Estos calambres suelen ser dolorosos y pueden despertar a la persona del sueño. Se cree que los calambres nocturnos están relacionados con la mala circulación sanguínea y la acumulación de productos de desecho en los músculos de las piernas.

• **Cambios en la piel**: En casos más avanzados de varices, pueden producirse cambios en la piel de las piernas. Estos cambios pueden incluir sequedad, picazón, enrojecimiento o decoloración de la piel. Además, la piel alrededor de las varices puede volverse más delgada y frágil, lo que aumenta el riesgo de desarrollar úlceras varicosas.

- **Úlceras varicosas**: Las úlceras varicosas son heridas abiertas que se forman en la piel, generalmente en la parte inferior de la pierna o alrededor del tobillo. Estas úlceras son el resultado del estancamiento de sangre en las venas afectadas por las varices, lo que lleva a la falta de oxígeno y nutrientes en la piel. Las úlceras varicosas pueden ser dolorosas, pueden infectarse y requieren cuidados médicos especializados para su tratamiento y cicatrización.

- **Picazón y sensibilidad en la piel**: Algunas personas con varices pueden experimentar picazón en la piel de las piernas afectadas. Esto se debe a la acumulación de sangre y la presión adicional en las venas, lo que puede causar irritación en la piel. Además, la piel alrededor de las varices puede volverse más sensible al tacto y puede doler o sentirse dolorida.

- **Cambios en la temperatura de la piel**: Las varices pueden afectar la circulación sanguínea en las piernas, lo que puede provocar cambios en la temperatura de la piel. Algunas personas pueden notar que la piel de las piernas afectadas por las varices se siente más fría o más caliente que el resto del cuerpo.

- **Cambios en la apariencia de las uñas**: En casos más avanzados de varices, la mala circulación sanguínea puede afectar el suministro de nutrientes y oxígeno a las uñas de los pies. Esto puede resultar en cambios en la apariencia de las uñas, como engrosamiento, decoloración o fragilidad.

- **Sensación de hormigueo o entumecimiento**: Algunas personas pueden experimentar sensaciones de hormigueo o entumecimiento en las piernas debido a las varices. Esto puede deberse a la presión adicional ejercida por las venas dilatadas sobre los nervios cercanos.

- **Agravamiento de los síntomas durante el embarazo**: Durante el embarazo, las hormonas y el aumento del volumen sanguíneo pueden aumentar la probabilidad de desarrollar várices o empeorar los síntomas existentes. Muchas mujeres embarazadas pueden experimentar hinchazón, dolor o pesadez en las piernas debido a las varices.

• **Cambios en la textura de la piel**: En casos avanzados de varices, la acumulación de sangre y la mala circulación pueden afectar la nutrición y oxigenación de la piel. Esto puede resultar en cambios en la textura de la piel, como sequedad, descamación o endurecimiento. La piel también puede volverse más propensa a lesionarse y puede tardar más en sanar.

• **Aparición de venas varicosas en otras áreas del cuerpo**: Aunque las varices son más comunes en las piernas, también pueden desarrollarse en otras áreas del cuerpo, como los brazos, el abdomen o la región pélvica. Estas varices pueden presentar síntomas similares a las de las piernas, como hinchazón, dolor o cambios en la apariencia de la piel.

• **Sensibilidad al clima frío o caliente**: Algunas personas con varices pueden experimentar sensibilidad al clima frío o caliente en las piernas afectadas. Esto se debe a la alteración en la circulación sanguínea y la respuesta del cuerpo a los cambios de temperatura.

• **Sensación de hormigueo o sensibilidad al tacto**: Debido a la presión ejercida por las venas dilatadas sobre los nervios cercanos, algunas personas pueden experimentar sensaciones de hormigueo, sensibilidad o incluso dolor al tocar o presionar las áreas afectadas.

• **Cambios en la apariencia de las piernas al estar de pie**: Algunas personas pueden notar que las venas varicosas se vuelven más prominentes o se hinchan aún más al estar de pie durante largos períodos de tiempo. Esto se debe a la mayor presión en las venas y la dificultad para que la sangre fluya adecuadamente.

• **Cambios en la apariencia de las piernas después de hacer ejercicio**: Después de hacer ejercicio o realizar actividades físicas intensas, las varices pueden volverse más visibles o causar más molestias en algunas personas. Esto se debe al aumento del flujo sanguíneo y la mayor presión en las venas durante la actividad física.

Es fundamental tener en cuenta que los síntomas de las varices pueden ser muy diferentes entre una persona y otra. Mientras que algunas personas solo presentan molestias leves y esporádicas, otras pueden padecer síntomas más intensos y persistentes. Además, si no se abordan de manera adecuada, estos síntomas podrían agravarse con el tiempo.

Si notas alguno de estos signos o te preocupa la presencia de varices, no dudes en consultar a un especialista en venas. Su experiencia te permitirá recibir un diagnóstico preciso y personalizado.

Recuerda que un tratamiento oportuno no solo ayuda a aliviar los síntomas, sino que también mejora la circulación y previene complicaciones serias, como úlceras o trombosis venosa profunda. ¡Actuar a tiempo es clave para tu salud y bienestar!

Causas

Las varices se desarrollan debido a una combinación de factores genéticos y ambientales que alteran el funcionamiento normal de las venas. Entre las principales causas se encuentran:

• **Insuficiencia venosa**: Esta es una de las causas más comunes de las varices. La insuficiencia venosa ocurre cuando las válvulas en las venas de las piernas no funcionan correctamente. Estas válvulas son responsables de ayudar a la sangre a fluir en una sola dirección, hacia el corazón. Cuando las válvulas no cierran adecuadamente, la sangre puede retroceder y acumularse en las venas, lo que resulta en su dilatación y la formación de varices.

• **Genética**: La predisposición genética también juega un papel importante en el desarrollo de las varices. Si tienes familiares cercanos, como padres o hermanos, que han tenido varices, es más probable que tú también las desarrolles. Esto se debe a que la estructura y funcionamiento de las venas pueden transmitirse de generación en generación.

• **Edad**: A medida que envejecemos, nuestras venas pueden perder elasticidad y sus paredes pueden debilitarse. Esto puede hacer que las venas se dilaten y se vuelvan varicosas. Además, a medida que envejecemos, nuestras válvulas venosas pueden deteriorarse, lo que contribuye a la insuficiencia venosa.

• **Sexo**: Las mujeres tienen más probabilidades de desarrollar varices en comparación con los hombres. Esto se debe en parte a los cambios hormonales que ocurren durante el embarazo, la menstruación y la menopausia, que pueden debilitar las paredes de las venas y afectar la función de las válvulas. Además, el uso de anticonceptivos hormonales puede aumentar el riesgo de desarrollar varices.

• **Embarazo**: Durante el embarazo, el cuerpo experimenta cambios hormonales y un aumento en el volumen sanguíneo para apoyar al feto en crecimiento. Estos cambios pueden ejercer presión adicional sobre las venas de las piernas y dificultar el retorno venoso. Como resultado, muchas mujeres embarazadas desarrollan varices o experimentan un empeoramiento de los síntomas existentes durante el embarazo.

• **Obesidad**: El exceso de peso corporal puede ejercer presión adicional sobre las venas de las piernas, lo que dificulta el flujo sanguíneo adecuado. Además, la obesidad puede estar asociada con un estilo de vida sedentario y una mala circulación, lo que aumenta el riesgo de desarrollar varices.

• **Estilo de vida sedentario**: Pasar largos períodos de tiempo sentado o de pie sin moverse puede dificultar el flujo sanguíneo adecuado y aumentar el riesgo de desarrollar varices. El sedentarismo también puede contribuir al aumento de peso y la obesidad, lo que agrava aún más el problema.

• **Lesiones o traumatismos en las piernas**: Las lesiones o traumatismos en las piernas pueden dañar las venas y las válvulas, lo que puede dificultar el flujo sanguíneo adecuado y contribuir al desarrollo de varices.

• **Otros factores de riesgo**: Además de las causas mencionadas anteriormente, hay otros factores de riesgo que pueden aumentar la probabilidad de desarrollar varices. Estos incluyen el uso de ropa ajustada, el uso prolongado de tacones altos, la exposición prolongada al calor (como baños calientes o saunas) y ciertos trabajos que implican estar de pie o sentado durante largos períodos de tiempo.

• **Hipertensión arterial**: La presión arterial alta puede ejercer presión adicional sobre las venas y dificultar el flujo sanguíneo adecuado, lo que aumenta el riesgo de desarrollar varices.

• **Enfermedades del hígado**: Algunas enfermedades del hígado, como la cirrosis hepática, pueden afectar el flujo sanguíneo y la función de las venas, lo que aumenta el riesgo de desarrollar varices.

• **Estreñimiento crónico**: El estreñimiento crónico puede causar un aumento en la presión abdominal, lo que puede dificultar el flujo sanguíneo adecuado y contribuir al desarrollo de varices.

• **Exposición prolongada al sol**: La exposición prolongada al sol puede debilitar las paredes de las venas y afectar la función de las válvulas, lo que aumenta el riesgo de desarrollar varices.

• **Fumar**: Fumar puede dañar las venas y afectar la circulación sanguínea, lo que aumenta el riesgo de desarrollar varices.

• **Medicamentos**: Algunos fármacos, como los anticonceptivos orales y los tratamientos hormonales, pueden aumentar el riesgo de desarrollar varices. Además, ciertos medicamentos utilizados para tratar condiciones como el cáncer o la hipertensión arterial pueden afectar la circulación sanguínea y contribuir al desarrollo de varices.

• **Historial de coágulos sanguíneos**: Las personas que han tenido coágulos sanguíneos en las venas (trombosis venosa profunda) tienen un mayor riesgo de desarrollar varices. Los coágulos pueden dañar las venas y afectar la circulación sanguínea, lo que puede conducir a la formación de varices.

• **Actividad física intensa o levantamiento de objetos pesados**: Realizar actividades físicas de alto impacto o levantar objetos pesados de manera regular puede ejercer presión adicional sobre las venas y contribuir al desarrollo de varices.

• **Enfermedades del tejido conectivo**: Algunas enfermedades del tejido conectivo, como el síndrome de Ehlers-Danlos o el lupus eritematoso sistémico, pueden debilitar las paredes de las venas y aumentar el riesgo de desarrollar varices.

• **Exceso de estrés**: El estrés crónico puede afectar de forma negativa la circulación sanguínea y contribuir al desarrollo de varices. Además, el estrés puede llevar a hábitos poco saludables, como una alimentación deficiente o falta de ejercicio, que también pueden aumentar el riesgo de varices.

• **Cambios hormonales**: Además de los cambios hormonales asociados con el embarazo, la menstruación y la menopausia, otros cambios hormonales, como los que ocurren durante la pubertad, pueden afectar la salud de las venas y aumentar el riesgo de desarrollar varices.

• **Exposición a productos químicos tóxicos**: La exposición a ciertos productos químicos tóxicos, como los que se encuentran en algunos pesticidas o productos de limpieza, puede dañar las venas y contribuir al desarrollo de varices.

Es importante saber que las varices suelen ser el resultado de una combinación de factores, y cada persona puede tener causas subyacentes únicas. Mientras que algunos de estos factores, como la genética, no pueden ser controlados, otros sí son modificables.

Posibles complicaciones

Esta sección tiene como objetivo ofrecer orientación y aclarar posibles riesgos de forma clara, poniendo el foco en la prevención. Así, podrás adoptar medidas proactivas que protejan tu bienestar y eviten complicaciones.

Las varices no solo representan una preocupación estética, sino que también pueden derivar en complicaciones que afectan tanto el bienestar como la salud en general. Estas complicaciones pueden variar desde molestias leves hasta problemas médicos más serios. A continuación, se presenta una descripción detallada de las principales complicaciones asociadas con las varices.

- **Úlceras venosas**: Las varices pueden aumentar el riesgo de desarrollar úlceras venosas, que son heridas abiertas en la piel que pueden ser dolorosas y difíciles de curar. Estas úlceras generalmente se forman en la parte inferior de la pierna, cerca del tobillo, y pueden ser el resultado de la acumulación de sangre en las venas afectadas y la mala circulación. Las úlceras venosas pueden ser dolorosas, pueden infectarse y pueden requerir cuidado médico especializado para su tratamiento.

- **Trombosis venosa profunda (TVP)**: La trombosis venosa profunda es una condición en la cual se forma un coágulo de sangre en una vena profunda, generalmente en la pierna. Las varices pueden aumentar el riesgo de desarrollar TVP, ya que las venas dilatadas y dañadas pueden favorecer la formación de coágulos sanguíneos. La TVP puede ser una condición grave y potencialmente mortal si un coágulo se desprende y viaja a los pulmones, causando una embolia pulmonar.

- **Flebitis**: La flebitis es la inflamación de una vena y puede ocurrir en las varices. La presencia de varices puede aumentar el riesgo de desarrollar flebitis, ya que las venas dilatadas y dañadas pueden irritarse y volverse inflamadas. La flebitis puede causar dolor, enrojecimiento y sensación de calor en el área afectada. En algunos casos, la flebitis puede conducir a la formación de coágulos sanguíneos y a complicaciones más graves.

- **Hemorragias**: En casos raros, las varices pueden romperse y provocar hemorragias. Esto puede ocurrir si las paredes de las venas se debilitan lo suficiente como para romperse, o si se aplica presión excesiva sobre las varices debido a un traumatismo o una lesión. Las hemorragias por varices pueden ser graves y requerir atención médica inmediata.

• **Hiperpigmentación y cambios en la piel**: Las varices crónicas pueden causar cambios en la piel, como hiperpigmentación (manchas oscuras), eczema venoso (inflamación de la piel), dermatitis o incluso úlceras. Estos cambios en la piel pueden ser incómodos y afectar la calidad de vida de una persona.

• **Síndrome de congestión pélvica**: En algunas mujeres, las varices también pueden desarrollarse en la región pélvica, lo que se conoce como síndrome de congestión pélvica. Esto puede causar dolor pélvico crónico, molestias durante las relaciones sexuales y otros síntomas relacionados con la congestión venosa en la pelvis.

• **Sangrado**: Las varices pueden ser propensas a sangrar, especialmente si se produce un traumatismo o una lesión en la zona afectada. Aunque el sangrado de las varices no es común, puede ser difícil de controlar y requerir atención médica urgente.

• **Infecciones**: Las varices pueden aumentar el riesgo de desarrollar infecciones en las venas, conocidas como flebitis infecciosa. Esto puede ocurrir si las varices se dañan o se rompen, lo que permite la entrada de bacterias en las venas. Las infecciones venosas pueden ser graves y requerir tratamiento con antibióticos.

• **Insuficiencia venosa crónica**: Las varices son una manifestación de la insuficiencia venosa crónica, una afección en la cual las venas no pueden bombear eficientemente la sangre de vuelta al corazón. A medida que las varices empeoran, puede producirse una mayor acumulación de sangre en las venas y una mayor presión en las extremidades inferiores. Esto puede llevar a la aparición de síntomas como pesadez, dolor, hinchazón y cansancio en las piernas.

• **Síndrome postrombótico**: Si se desarrolla una trombosis venosa profunda (TVP) en las varices, puede producirse daño en las válvulas venosas y en las paredes de las venas. Esto puede dar lugar a una afección conocida como síndrome postrombótico, que se caracteriza por dolor crónico, hinchazón, cambios de coloración en la piel y úlceras en la zona afectada.

• **Problemas estéticos y emocionales**: Las varices pueden tener un impacto negativo en la apariencia estética de las piernas, lo que puede afectar la autoestima y la confianza de una persona. Además, algunas personas pueden experimentar ansiedad o depresión relacionada con las varices y sus síntomas asociados.

• **Varicorragia**: La varicorragia se refiere a un sangrado profuso y repentino de una várice. Puede ocurrir cuando una várice se rompe o se daña debido a la presión ejercida sobre ella. La varicorragia puede ser un evento alarmante y puede requerir atención médica de emergencia para detener el sangrado.

• **Úlceras de la piel**: Las varices avanzadas pueden provocar la formación de úlceras venosas, que son heridas abiertas y difíciles de curar en la piel, generalmente en la parte inferior de la pierna o el tobillo. Estas úlceras pueden ser dolorosas y pueden tardar mucho tiempo en sanar, a veces incluso meses o años. Requieren un cuidado médico adecuado y constante para prevenir infecciones y promover la cicatrización.

• **Síndrome de compresión nerviosa**: Las varices avanzadas pueden ejercer presión sobre los nervios cercanos, lo que puede conducir a un síndrome de compresión nerviosa. Esto puede causar síntomas como dolor, entumecimiento, hormigueo o debilidad en las piernas. El síndrome de compresión nerviosa puede afectar la calidad de vida y requerir tratamiento médico.

• **Eritema nodoso**: El eritema nodoso es una reacción inflamatoria de la piel que puede ocurrir en personas con varices avanzadas. Se manifiesta como protuberancias dolorosas y rojas en la piel, generalmente en las piernas. El eritema nodoso puede ser incómodo y requiere atención médica para aliviar los síntomas y tratar la causa subyacente.

• **Problemas de circulación**: Las varices pueden afectar

negativamente la circulación sanguínea en las piernas. La acumulación de sangre en las venas dilatadas puede dificultar el flujo sanguíneo de retorno al corazón. Esto puede dar lugar a síntomas como hinchazón, fatiga, calambres y pesadez en las piernas. Además, la mala circulación puede aumentar el riesgo de desarrollar coágulos sanguíneos.

• **Complicaciones durante el embarazo**: Las varices son comunes durante el embarazo debido a los cambios hormonales y al aumento del volumen sanguíneo. En algunas mujeres, las varices pueden empeorar durante el embarazo y pueden llevar a complicaciones como trombosis venosa profunda y mayor malestar en las piernas. Es importante que las mujeres embarazadas sigan las recomendaciones médicas y adopten medidas para prevenir y controlar las varices durante este período.

Disminución de los síntomas y prevención

El alivio de los síntomas y la prevención de las varices son fundamentales para cuidar la salud vascular y evitar posibles complicaciones. A continuación, se comparte una serie de recomendaciones clave para promover el bienestar de tus venas y prevenir futuros problemas.

• **Mantén un estilo de vida activo**: La actividad física regular es fundamental para mantener una buena circulación sanguínea y fortalecer los músculos de las piernas. Realiza ejercicios que estimulen los músculos de las piernas, como caminar, correr, nadar o andar en bicicleta. Evita estar en una posición sedentaria durante largos períodos y, si tienes un trabajo que requiere estar de pie o sentado mucho tiempo, trata de tomar descansos regulares para moverte y estirarte.

• **Controla tu peso**: Mantener un peso saludable es importante para reducir la presión en las venas de las piernas. El exceso de peso y la obesidad pueden aumentar el riesgo de desarrollar varices. Si tienes sobrepeso, trabajar para reducirlo puede ayudar a aliviar los síntomas y prevenir su aparición.

• **Eleva las piernas**: Elevar las piernas por encima del nivel del corazón puede ayudar a reducir la acumulación de sangre en las venas y aliviar los síntomas de las varices. Hazlo varias veces al día durante 15-20 minutos, especialmente después de periodos prolongados de estar de pie o sentado.

• **Evita el uso de ropa ajustada**: El uso de ropa ajustada, como pantalones ajustados o medias de compresión excesiva, puede dificultar el flujo sanguíneo y empeorar los síntomas de las varices. Opta por ropa suelta y cómoda que no comprima las piernas.

• **Mantén una buena higiene vascular**: Cuida tus piernas manteniéndolas limpias e hidratadas. Evita la exposición prolongada al sol y al calor, ya que esto puede dilatar las venas. Utiliza cremas hidratantes y evita productos que contengan ingredientes irritantes para la piel.

• **Evita el estreñimiento**: El estreñimiento puede aumentar la presión en el abdomen y dificultar el flujo sanguíneo de retorno desde las piernas. Mantén una dieta rica en fibra y bebe suficiente agua para mantener un sistema digestivo saludable y prevenir el estreñimiento.

• **Usa medias de compresión**: Las medias de compresión pueden ser útiles para aliviar los síntomas de las varices. Estas medias aplican presión gradual en las piernas, lo que ayuda a mejorar el flujo sanguíneo y reducir la hinchazón. Consulta a un médico para que te aconseje sobre el tipo y la presión adecuada de las medias de compresión.

• **Evita el tabaquismo**: Fumar daña los vasos sanguíneos y afecta la circulación. Dejar de fumar puede mejorar significativamente la salud vascular y reducir el riesgo de desarrollar varices.

• **Controla los cambios hormonales**: Si estás embarazada o en la menopausia, habla con tu médico sobre cómo controlar los cambios hormonales para minimizar el impacto en tus venas. Pueden recomendarte terapias hormonales o medidas preventivas específicas.

• **Realiza revisiones médicas regulares**: Si tienes antecedentes familiares de varices o presentas síntomas, es importante que te realices revisiones médicas regulares con un especialista en enfermedades vasculares.

• **Evita cruzar las piernas**: Cruzar las piernas puede obstaculizar el flujo sanguíneo y aumentar la presión en las venas de las piernas. Intenta mantener las piernas en una posición neutral y evita cruzarlas cuando estés sentado.

• **Eleva ligeramente los pies de la cama**, unos 10 a 15 centímetros.

• **Controla la presión arterial**: La hipertensión arterial puede aumentar el riesgo de desarrollar varices. Mantén tu presión arterial bajo control a través de una dieta saludable, ejercicio regular, reducción del estrés y, si es necesario, medicamentos recetados por un médico.

• **Evita el uso prolongado de tacones altos**: El uso frecuente de tacones altos puede dificultar el flujo sanguíneo en las piernas. Trata de alternar entre tacones y zapatos planos para dar a tus piernas un descanso y mejorar la circulación.

• **Mantén una dieta saludable**: Una dieta equilibrada y rica en nutrientes puede ayudar a mantener la salud vascular. Incluye alimentos ricos en fibra, frutas y verduras, así como proteínas magras y grasas saludables. Evita el exceso de sal, ya que puede contribuir a la retención de líquidos y empeorar la hinchazón en las piernas.

• **Evita la exposición excesiva al calor**: El calor dilata las venas y puede empeorar los síntomas de las varices. Evita baños calientes prolongados, saunas y exposición directa al sol en las horas más calurosas del día.

• **Controla el estrés**: El estrés crónico puede afectar la salud vascular y empeorar los síntomas de las varices. Busca formas de reducir el estrés en tu vida, como practicar técnicas de relajación, meditación, yoga o actividades que te brinden placer y entretenimiento.

• **Masajea tus piernas**: Los masajes suaves en las piernas pueden ayudar a estimular la circulación sanguínea y aliviar los síntomas de las varices. Aplica movimientos circulares ascendentes con una crema o aceite hidratante para ayudar a reducir la hinchazón y mejorar el flujo sanguíneo.

• **Aplica compresas frías**: Las compresas frías pueden ayudar a aliviar la hinchazón y el malestar asociados con las varices. Aplica una compresa fría o una bolsa de hielo envuelta en un paño sobre las áreas afectadas durante unos minutos varias veces al día.

• **Acaba siempre tu baño con un chorro de agua fría** sobre las piernas.

• **Haz "gimnasia" para las venas**. Son ejercicios muy sencillos que activan el flujo sanguíneo. Los mejores son los siguientes:

  - Camina.
  - Camina alternativamente de puntillas y sobre los talones.
  - Túmbate sobre la espalda y "pedalea" en el aire.
  - Encoge y estira los dedos de los pies.
  - Enrolla los pies desde los talones hacia los dedos y vuelta.
  - Agarra y levanta con los dedos de los pies una tela o un objeto ligero.
  - En un escalón apoya la parte delantera de los pies. Eleva y baja los talones.
  - Sentada en una silla apoya los talones y eleva las puntas, y al contrario, apoya las puntas y eleva los talones.

• **Terapia de andulación**: La terapia de andulación es altamente recomendada para el tratamiento de las varices debido a sus efectos en la circulación sanguínea. Esta terapia biofísica estimula también el metabolismo en profundidad, lo que permite un mejor suministro de nutrientes y oxígeno a los tejidos del cuerpo. Además, puede detener la progresión de las varices y prevenir su empeoramiento. Si estás interesado en probar la andulación, puedes buscar en internet la palabra "andulación" junto con el país en el que vives para encontrar la página web correspondiente. Desde allí, podrás solicitar una prueba gratuita y sin compromiso de esta terapia.

Consejos adicionales

Adoptar hábitos saludables y prácticos puede marcar una gran diferencia en el cuidado de tus venas y en el alivio de los síntomas. En esta sección, encontrarás varias recomendaciones complementarias que abarcan desde la hidratación y la alimentación hasta terapias específicas y actividades diarias. Estas estrategias no solo contribuirán a mejorar la salud de los vasos sanguíneos, sino que también potenciarán tu bienestar general. ¡Descubre cómo puedes ponerlas en práctica!

- **Hidratación adecuada**: Mantener una adecuada hidratación es importante para mantener la elasticidad de los vasos sanguíneos y facilitar el flujo sanguíneo. Bebe suficiente agua a lo largo del día para asegurarte de estar bien hidratado.

- **Alimentación saludable**: Una dieta equilibrada, rica en frutas, verduras, granos enteros y proteínas magras, puede ayudar a mantener la salud de los vasos sanguíneos. Además, incluye alimentos ricos en vitamina C, como cítricos, fresas y pimientos, ya que esta vitamina es importante para la salud de los vasos sanguíneos.

- **Evita el consumo excesivo de sal**: El consumo excesivo de sal puede contribuir a la retención de líquidos y empeorar la hinchazón asociada con las varices. Limita tu consumo de alimentos procesados y evita agregar sal adicional a tus comidas.

- **Terapia de compresión**: Además de las medias de compresión, existen otras opciones de terapia de compresión, como vendajes elásticos o dispositivos de compresión neumática intermitente.

- **Evita el tabaquismo pasivo**: Además de evitar fumar, también es importante minimizar la exposición al humo de segunda mano. El tabaquismo pasivo puede afectar negativamente la salud de los vasos sanguíneos y la circulación en general.

• **Consume alimentos ricos en antioxidantes**: Los antioxidantes, como las vitaminas A, C y E, ayudan a proteger los vasos sanguíneos del daño oxidativo. Incluye en tu dieta alimentos como zanahorias, naranjas, espinacas, nueces y aceite de oliva para obtener una buena dosis de antioxidantes.

• **Evita actividades que generen una presión excesiva en las piernas**: Algunas actividades intensas, como levantamiento de pesas o ejercicios de alto impacto, pueden generar una presión excesiva en las piernas y empeorar las varices. Opta por actividades de bajo impacto, como caminar, nadar o andar en bicicleta.

• **Las pomadas** tópicas pueden ayudar a reducir las molestias.

• **La hidroterapia**, especialmente la combinación de frío y calor, tiene un gran efecto en la activación de la circulación y alivio de picor, ardor y dolor en las piernas.

• Si es posible, **camina por la orilla del mar**, ya que así combinas la actividad física con el frescor del agua.

• **Antes de acostarte**, realiza movimientos de pedaleo para favorecer el retorno venoso durante el sueño.

• **Arcilla verde**. Mezcla arcilla verde con agua. Que quede consistente. Aplica la mezcla en las zonas afectadas y déjala secar completamente. Luego enjuaga con agua tibia o fría y utiliza un jabón neutro.

Pruebas médicas diagnósticas

Las pruebas médicas diagnósticas desempeñan un papel crucial en la evaluación y diagnóstico. Estas herramientas permiten a los profesionales de la salud analizar el estado de las venas, identificar posibles complicaciones y establecer el tratamiento más adecuado para cada caso. A continuación, se describen algunas de las pruebas más comunes utilizadas en estos diagnósticos.

- **Examen físico**: El primer paso en el diagnóstico de las varices es un examen físico realizado por un médico especialista en venas, como un flebólogo o un cirujano vascular. Durante el examen, el médico evaluará visualmente las piernas en busca de venas dilatadas y retorcidas. También puede palpar las venas para determinar su tamaño, textura y sensibilidad.

- **Historial médico y síntomas**: Tu médico también recopilará información sobre tus síntomas, como dolor, sensación de pesadez, calambres o hinchazón en las piernas. También es importante informar a tu médico sobre cualquier antecedente familiar de varices o problemas de circulación.

- **Ecografía Doppler**: La ecografía Doppler es una prueba no invasiva y ampliamente utilizada para el diagnóstico de las varices. Utiliza ondas sonoras de alta frecuencia para producir imágenes en tiempo real de las venas y evaluar el flujo sanguíneo en ellas. El Doppler permite al médico ver las venas en detalle y determinar si hay un flujo sanguíneo anormal o retroceso de sangre en las venas afectadas.

- **Ecografía dúplex**: La ecografía dúplex combina la ecografía convencional con el análisis del flujo sanguíneo utilizando la técnica Doppler. Esta prueba proporciona imágenes en tiempo real de las venas y el flujo sanguíneo, lo que permite una evaluación más detallada de las varices y sus complicaciones, como la presencia de coágulos sanguíneos o la insuficiencia valvular.

- **Flebografía**: La flebografía es una prueba invasiva que rara vez se utiliza en la actualidad, pero puede ser necesaria en casos complejos o cuando otras pruebas no son concluyentes. Implica la inyección de un medio de contraste en las venas y la toma de radiografías para visualizar las venas y cualquier anormalidad en ellas. La flebografía proporciona una imagen más detallada del sistema venoso y puede ayudar a determinar el mejor enfoque de tratamiento.

• **Fotopletismografía**: La fotopletismografía es una prueba que utiliza sensores de luz para medir los cambios en el volumen sanguíneo en las piernas. Proporciona información sobre la función de las venas y la presión venosa, lo que puede ser útil para evaluar la gravedad de las varices y el flujo sanguíneo en las piernas.

• **Venografía por resonancia magnética (MRV, por sus siglas en inglés)**: La MRV es una técnica de imagen no invasiva que utiliza campos magnéticos y ondas de radio para crear imágenes detalladas del sistema venoso. Es especialmente útil para evaluar las venas profundas y detectar obstrucciones o anomalías en el flujo sanguíneo. La MRV puede proporcionar información precisa sobre la anatomía venosa y ayudar a planificar tratamientos como la esclerosis o la cirugía.

• **Termografía**: La termografía es una prueba que utiliza una cámara térmica para medir la temperatura de la piel en las piernas. Las varices pueden causar cambios en la temperatura de la piel, lo que se puede detectar mediante esta prueba. La termografía puede proporcionar información adicional sobre el flujo sanguíneo y la función venosa, especialmente en casos de varices asintomáticas.

• **Índice tobillo-brazo (ITB)**: El ITB es una prueba que se utiliza para evaluar la circulación arterial en las piernas. Se mide la presión arterial en los brazos y los tobillos, y se compara la diferencia. Si hay una disminución significativa en la presión arterial en los tobillos en comparación con los brazos, puede indicar una mala circulación arterial en las piernas, lo que puede ser un factor de riesgo para el desarrollo de varices.

• **Estudios de coagulación**: En algunos casos, se pueden realizar pruebas de coagulación sanguínea para descartar la presencia de trastornos de la coagulación que puedan aumentar el riesgo de desarrollar varices o complicaciones asociadas, como trombosis venosa profunda.

Recuerda que la elección de las pruebas diagnósticas

dependerá de tu caso específico y de lo que tu médico considere necesario. No todas las pruebas mencionadas se realizan en todos los casos de varices, ya que cada persona y sus síntomas son distintos. Es posible que tu médico combine varias pruebas para obtener un diagnóstico más claro y completo. Este proceso es esencial para entender mejor tu situación y poder ofrecerte el tratamiento más adecuado para ti.

Signos de alarma

Aunque las varices, en muchos casos, pueden ser solo una preocupación estética, también pueden ser una señal de algo más serio. Por eso, quiero ayudarte a identificar los posibles signos de alarma para que puedas reconocer cualquier complicación a tiempo y buscar el tratamiento que necesites. A continuación, te detallo algunos de los signos importantes que debes tener en cuenta.

• **Dolor intenso**: Si experimentas un dolor intenso y persistente en las piernas, especialmente en la zona donde se encuentran las varices, esto puede ser un signo de complicaciones relacionadas con las varices, como la trombosis venosa profunda (TVP). La TVP ocurre cuando se forma un coágulo de sangre en las venas profundas de las piernas, lo que puede bloquear el flujo sanguíneo y causar dolor intenso y sensibilidad.

• **Hinchazón**: La hinchazón en las piernas y los tobillos puede ser un signo de acumulación de líquido, conocido como edema. En casos de varices, la hinchazón puede ser un indicio de insuficiencia venosa, que es cuando las venas no pueden bombear eficientemente la sangre de vuelta al corazón. La insuficiencia venosa puede provocar una acumulación de líquido en los tejidos circundantes, lo que resulta en hinchazón.

• **Cambios en la piel**: Las varices pueden afectar la salud de la piel en las piernas. Si notas cambios en la piel, como enrojecimiento, descamación, picazón o aparición de úlceras, esto puede indicar complicaciones relacionadas con las varices. La piel alrededor de las varices también puede volverse más gruesa y dura debido a la acumulación de sangre y la falta de flujo sanguíneo adecuado.

• **Sangrado**: Si las varices se rompen o se dañan, pueden causar sangrado. El sangrado de las varices generalmente es leve, pero en algunos casos puede ser más significativo y requerir atención médica inmediata. Si experimentas un sangrado persistente o abundante de las varices, es importante buscar atención médica de inmediato para controlar la situación y prevenir complicaciones adicionales.

• **Úlceras venosas**: Las úlceras venosas son heridas abiertas o llagas que se forman en la piel debido a la mala circulación sanguínea en las piernas. Estas úlceras son más comunes en personas con varices avanzadas y pueden resultar difíciles de curar. Las úlceras venosas generalmente se presentan cerca de los tobillos y son dolorosas. Si desarrollas una úlcera venosa, debes buscar atención médica para recibir tratamiento adecuado y prevenir infecciones.

• **Calambres musculares**: Los calambres musculares en las piernas pueden ser un signo de complicaciones relacionadas con las varices. La mala circulación sanguínea en las venas afectadas puede causar una falta de nutrientes y oxígeno en los músculos, lo que lleva a calambres dolorosos. Si experimentas calambres musculares recurrentes en las piernas, especialmente durante la noche, puede ser un indicio de problemas venosos subyacentes.

• **Sensación de pesadez o fatiga en las piernas**: Las varices pueden causar una sensación de pesadez o fatiga en las piernas, especialmente después de períodos prolongados de estar de pie o sentado. Esto se debe a la acumulación de sangre en las venas dilatadas, lo que dificulta el retorno venoso y provoca una sensación de cansancio en las piernas. Si experimentas esta sensación de forma persistente o si empeora con el tiempo, es recomendable buscar atención médica.

• **Cambios en la apariencia de las varices**: Si las varices cambian repentinamente de apariencia, como volverse más grandes, más dolorosas o más prominentes, puede ser un signo de complicaciones. Estos cambios pueden indicar una mayor presión en las venas o la formación de un coágulo de sangre en su interior. Es importante prestar atención a cualquier cambio en las varices y consultar a un médico si notas alguna alteración.

• **Sensibilidad o dolor al tocar las varices**: Si las varices se vuelven sensibles o dolorosas al tocarlas, esto puede ser un signo de inflamación o irritación en las venas. La presión excesiva o el traumatismo en las varices pueden desencadenar estos síntomas, y en algunos casos, pueden indicar la presencia de una complicación como la tromboflebitis, que es la inflamación de una vena debido a la formación de un coágulo.

• **Cambios en la temperatura de la piel**: Las varices pueden afectar la temperatura de la piel en las piernas. Si notas que la piel alrededor de las varices se siente más caliente o más fría que el resto de la piel, esto puede indicar un problema circulatorio. Los cambios en la temperatura pueden ser un signo de obstrucción o alteración del flujo sanguíneo en las venas afectadas.

• **Cambios en la coloración de la piel**: En casos avanzados de varices, la acumulación de sangre en las venas puede llevar a cambios en la coloración de la piel. Puedes notar manchas marrones o áreas de pigmentación oscura alrededor de las varices. Estos cambios en la coloración pueden indicar una mala circulación sanguínea y pueden ser un signo de insuficiencia venosa crónica.

• **Sensación de picazón o quemazón**: Las varices pueden causar una sensación de picazón o quemazón en la piel de las piernas. Esto puede deberse a la acumulación de sangre, la inflamación o la irritación en las venas afectadas. La picazón puede ser especialmente intensa después de largos períodos de estar de pie o en climas cálidos.

• **Sangrado o hemorragia**: Si las varices se lesionan o se rompen, pueden causar sangrado o hemorragia. Si experimentas sangrado persistente o una hemorragia abundante de las varices, debes buscar atención médica de inmediato. El sangrado excesivo puede ser un signo de una complicación grave y requerir tratamiento médico urgente.

• **Aparición de venas varicosas en nuevas áreas**: Si notas la aparición de nuevas varices en áreas diferentes a las piernas, como en el abdomen o en la zona pélvica, esto puede ser un signo de problemas más graves en el sistema venoso. Estas varices pueden estar relacionadas con la insuficiencia venosa crónica o con otras condiciones médicas subyacentes, y requieren una evaluación médica adecuada.

• **Dificultad para caminar o moverse**: En casos avanzados de varices, la mala circulación sanguínea y la acumulación de líquido en las piernas pueden dificultar el movimiento y provocar debilidad o dolor al caminar. Si experimentas dificultad para caminar o moverte debido a las varices, es importante buscar atención médica para recibir un tratamiento adecuado y prevenir complicaciones adicionales.

Es importante recordar que estos signos de alarma pueden manifestarse de manera diferente en cada persona y no siempre significan la presencia de problemas graves. Sin embargo, prestar atención a los cambios en tus varices es esencial para cuidar tu salud. Si notas alguno de estos síntomas, no dudes en buscar ayuda médica para aclarar cualquier duda o preocupación.

Tener un diagnóstico y tratamiento a tiempo puede marcar la diferencia. No solo ayuda a prevenir complicaciones, sino que también mejora significativamente tu calidad de vida, permitiéndote sentirte mejor y disfrutar de tu día a día con mayor tranquilidad. ¡Tu bienestar es lo más importante!

PREGUNTAS Y RESPUESTAS

Sumergirse en el complejo universo de la salud puede ser una experiencia desafiante, especialmente al recibir un diagnóstico que afecta tanto el cuerpo como las emociones. En esos momentos surgen muchas preguntas: ¿Cuáles son las implicaciones? ¿Qué opciones están disponibles? ¿Cómo cambiará mi día a día? Estas y otras inquietudes son frecuentes ante situaciones así. Aquí encontrarás respuestas prácticas y directas que te ayudarán a tomar decisiones informadas con mayor confianza.

Este capítulo nace del deseo de ofrecer acompañamiento y herramientas claras para que afrontes este camino con seguridad. En una era donde la información abunda, pero no siempre es confiable, resulta crucial distinguir entre datos útiles y aquellos que podrían generar confusión. Por eso, he reunido respuestas respaldadas por evidencia para orientarte en medio de la incertidumbre.

El formato de preguntas y respuestas ha sido diseñado pensando en la practicidad, abordando las dudas más recurrentes, tanto de las personas afectadas como de sus familias. Las explicaciones son sencillas, concisas y enfocadas en facilitar decisiones que prioricen tu bienestar.

Aunque la información aquí presentada busca ser útil, no reemplaza el asesoramiento personalizado. En todo momento, es fundamental comunicarte con tu médico para resolver cuestiones específicas que puedan surgir.

A través de estas páginas, espero transmitirte tranquilidad, confianza y un apoyo sólido para enfrentar los desafíos con mayor fortaleza. Mi meta es que este recurso te inspire y te brinde herramientas para enfrentarte con seguridad a esta afección.

112 Preguntas y respuestas

1. ¿Qué son las varices?

Las varices son venas dilatadas y retorcidas que se desarrollan cuando las válvulas en las venas no funcionan correctamente, lo que provoca una acumulación de sangre.

2. ¿Cuáles son los síntomas?

Los síntomas incluyen venas de color púrpura o azul visibles, dolor o pesadez en las piernas, hinchazón, calambres, picazón alrededor de la vena afectada y, en algunos casos, úlceras en la piel.

3. ¿Qué factores aumentan el riesgo de desarrollar varices?

Los factores de riesgo incluyen antecedentes familiares, edad avanzada, ser mujer, embarazo, obesidad, estar de pie o sentado por largos periodos y falta de ejercicio.

4. ¿Cómo se diagnostican?

El diagnóstico se realiza mediante un examen físico y, a menudo, se utiliza una ecografía Doppler para evaluar el flujo sanguíneo y la estructura de las venas.

5. ¿Qué tratamientos médicos existen?

Los tratamientos incluyen cambios en el estilo de vida, medias de compresión, escleroterapia, terapia con láser, ablación por radiofrecuencia y, en casos severos, cirugía.

6. ¿Cuándo se debe consultar a un médico?

Se debe consultar a un médico si se experimenta dolor persistente, hinchazón, cambios en la piel o si las varices afectan la calidad de vida.

7. ¿Desaparecen por sí solas?

Las varices no suelen desaparecer sin tratamiento, aunque algunos síntomas suelen mejorar con cambios en el estilo de vida y tratamientos conservadores.

8. ¿Qué son las arañas vasculares y cómo se diferencian de las varices?

Las arañas vasculares son pequeñas venas dilatadas que

aparecen cerca de la superficie de la piel y suelen ser de color rojo, azul o morado. A diferencia de las varices, no suelen causar dolor y son más pequeñas.

9. ¿Es seguro volar en avión si tengo varices?

Sí, es seguro volar, pero se recomienda tomar ciertas precauciones como usar medias de compresión, moverse periódicamente durante el vuelo y mantenerse hidratado para reducir el riesgo de complicaciones como la trombosis venosa profunda.

10. ¿Cómo afectan las hormonas?

Las hormonas, especialmente los estrógenos y la progesterona, pueden debilitar las paredes de las venas y afectar el funcionamiento de las válvulas, lo que puede aumentar la probabilidad de desarrollar varices, especialmente durante el embarazo o con el uso de anticonceptivos hormonales.

11. ¿Los anticonceptivos orales afectan el desarrollo de varices?

Algunos anticonceptivos orales pueden aumentar el riesgo de desarrollar varices debido a los cambios hormonales que afectan la pared de las venas y la coagulación sanguínea.

12. ¿Los hombres también pueden tener varices?

Sí, aunque las varices son más comunes en mujeres, los hombres también pueden desarrollarlas debido a factores genéticos, estilo de vida o condiciones médicas subyacentes.

13. ¿Pueden prevenirse?

Aunque no siempre se pueden prevenir, mantener un peso saludable, que incluya una dieta equilibrada, ejercitarse regularmente, evitar el tabaquismo, elevar las piernas y evitar largos periodos de pie o sentado reducen el riesgo de desarrollar varices.

14. ¿Cómo se puede prevenir la formación de varices en el trabajo de oficina?

Mantener una postura adecuada al sentarse, como evitar cruzar las piernas, mantener los pies apoyados en el suelo, levantarse y moverse regularmente, estirar las piernas, usar un reposapiés y usar medias de compresión si es necesario, puede mejorar la circulación y reducir la presión en las venas, ayudando a prevenir el desarrollo de varices.

15. ¿Cómo afecta el sedentarismo a la salud venosa?

El sedentarismo puede llevar a una disminución del flujo sanguíneo en las piernas, aumentando la presión venosa y el riesgo de desarrollar varices. El movimiento regular es crucial para mantener una buena circulación.

16. ¿Qué papel juega el ejercicio regular en su prevención?

El ejercicio regular, como caminar, nadar o andar en bicicleta, fortalece los músculos de las piernas, mejora la circulación y suele reducir los síntomas de las varices o ayudar a prevenirlas. Sin embargo, se deben evitar ejercicios de alto impacto o levantar pesos excesivos si causan molestias.

17. ¿Es posible realizar ejercicio intensivo si se tienen varices?

Sí, se puede hacer ejercicio intensivo teniendo varices, pero hay que elegir actividades que sean seguras para las piernas. Se recomienda optar por ejercicios de bajo impacto, como natación, ciclismo o caminar, ya que ayudan a mejorar la circulación sin ejercer demasiada presión sobre las venas. Evita actividades que impliquen un esfuerzo excesivo sobre las piernas, como levantar pesas o deportes de alto impacto.

18. ¿Cómo puede beneficiar el ejercicio acuático?

El ejercicio acuático, como la natación o la gimnasia acuática, proporciona un ambiente de bajo impacto que fortalece los músculos, mejora la circulación, reduce la hinchazón y alivia la presión sobre las venas, beneficiando a las personas con varices.

19. ¿Cómo puede el ciclismo ayudar a prevenir o aliviar las varices?

El ciclismo es un ejercicio que activa los músculos de las piernas y fortalece las pantorrillas, mejorando la circulación sanguínea y reduciendo la presión sobre las venas, lo que puede prevenir el desarrollo de varices y aliviar sus síntomas.

20. ¿Caminar puede ayudar a prevenirlas y manejarlas?

Caminar es una excelente forma de ejercicio que mejora la circulación en las piernas, fortalece los músculos de la pantorrilla y ayuda a prevenir el estancamiento de sangre en las venas.

21. ¿Cómo pueden beneficiar los ejercicios de estiramiento?

Los ejercicios de estiramiento mejoran la flexibilidad y el flujo sanguíneo, reduciendo la presión venosa y aliviando la tensión en las piernas, lo cual puede ser beneficioso para las personas con varices.

22. ¿Cómo puede ayudar la fisioterapia?

La fisioterapia puede incluir ejercicios específicos para mejorar la circulación, masajes para reducir la hinchazón, técnicas para fortalecer los músculos de las piernas, y educación sobre el cuidado de las piernas, contribuyendo tanto al manejo como a la prevención de las varices.

23. ¿Cómo puede influir la dieta en la salud venosa y las varices?

Una dieta rica en fibra, vitaminas, flavonoides, antioxidantes y baja en sal mejora la salud vascular, ayuda a mantener un peso saludable, mejora la circulación y reduce la hinchazón, lo que contribuye a una mejor salud venosa, ayudando a prevenir el desarrollo o empeoramiento de las varices.

24. ¿El uso de tacones altos afecta las varices?

Usar tacones altos durante periodos prolongados puede dificultar la circulación venosa y contribuir al desarrollo o empeoramiento de las varices, al alterar el funcionamiento normal de los músculos de las pantorrillas, dificultando el retorno venoso.

25. ¿Cómo puede prevenir el empeoramiento de las varices el uso de zapatos adecuados?

Usar zapatos cómodos y de apoyo, especialmente aquellos con buen soporte para el arco, puede reducir la presión en las piernas y mejorar la circulación, ayudando a prevenir el empeoramiento de las varices.

26. ¿El uso prolongado de pantimedias ajustadas puede causar varices?
Las pantimedias ajustadas que no están diseñadas específicamente para la compresión terapéutica no causan varices, pero pueden dificultar la circulación si son demasiado apretadas.

27. ¿Se pueden tratar con remedios naturales?
Existen remedios naturales, como aplicar compresas frías, consumir extractos de plantas como, por ejemplo, el castaño de indias y elevar las piernas que ayudan a aliviar los síntomas. Lo trataremos en detalle en el capítulo correspondiente.

28. ¿Se pueden desarrollar varices en otras partes del cuerpo?
Aunque son más comunes en las piernas, las varices pueden ocurrir en otras áreas, como el esófago, el recto (hemorroides) y el escroto (varicocele).

29. ¿Cuáles son los síntomas de las varices esofágicas?
Las varices esofágicas son venas dilatadas en el esófago que pueden causar sangrado. Los síntomas pueden incluir vómitos con sangre, heces negras y mareos. No están relacionadas con las varices en las piernas, pero son una condición médica seria que requiere atención inmediata.

30. ¿Cómo afectan a la calidad de vida?
Las varices pueden causar molestias físicas, como dolor, hinchazón, picazón y fatiga en las piernas, lo que puede limitar en algunos casos la movilidad y afectar la calidad de vida en general. También puede afectar la autoestima y la confianza debido a su apariencia visible.

31. ¿Pueden causar sensación de ardor en las piernas?
Sí, las varices pueden provocar una sensación de ardor en las piernas debido a la acumulación de sangre y la presión en las venas afectadas.

32. ¿Pueden causar cambios en el color de la piel?
Sí, las varices pueden provocar cambios en el color de la piel, como manchas marrones o rojizas, debido a la hipertensión venosa y al daño en los tejidos circundantes.

33. ¿Qué es la hipertensión venosa y cómo se relaciona con las varices?

La hipertensión venosa es el aumento de presión en las venas, que puede ser causado por válvulas venosas defectuosas. Esta presión adicional puede provocar el desarrollo de varices y otros problemas venosos.

34. ¿Qué es la dermatitis venosa o dermatitis por estasis venosa?

La dermatitis venosa es una inflamación de la piel causada por la mala circulación venosa, que puede ocurrir en personas con varices y se caracteriza por picazón, enrojecimiento y descamación de la piel debido a la acumulación de sangre y líquido.

35. ¿Qué es la hiperpigmentación cutánea relacionada con las varices?

Es el oscurecimiento de la piel, generalmente en la parte inferior de las piernas, causado por la acumulación de sangre y el depósito de productos de descomposición de la hemoglobina debido a la insuficiencia venosa.

36. ¿Las varices son peligrosas?

Aunque generalmente no son peligrosas, las varices pueden causar complicaciones como úlceras, tromboflebitis superficial o sangrado si no se tratan adecuadamente.

37. ¿Cuáles son los riesgos de no tratarlas durante mucho tiempo?

Si no se tratan, las varices pueden llevar a complicaciones graves, como úlceras venosas, trombosis venosa profunda, infecciones y cambios permanentes en la piel.

38. ¿Qué son las úlceras venosas y cómo se relaciona con las varices?

Las úlceras venosas son heridas abiertas que se desarrollan en la piel, generalmente en la parte inferior de las piernas, debido a una mala circulación venosa. Son comunes en personas con varices o insuficiencia venosa crónica y suelen ser dolorosas, además de difíciles de cicatrizar sin tratamiento adecuado.

39. ¿Qué es la trombosis venosa profunda y cómo se

relaciona con las varices?

La trombosis venosa profunda (TVP) es la formación de un coágulo de sangre en una vena profunda, generalmente en las piernas. Aunque las varices superficiales no causan TVP, la insuficiencia venosa crónica puede aumentar el riesgo.

40. ¿Qué es el síndrome postrombótico y cómo se relaciona con las varices?

El síndrome postrombótico es una complicación que puede ocurrir después de una trombosis venosa profunda (TVP). Se caracteriza por dolor, hinchazón y, a menudo, varices debido al daño en las válvulas venosas y la obstrucción del flujo sanguíneo.

41. ¿Qué es la flebitis y cómo se diferencia de las varices?

La flebitis es la inflamación de una vena, que puede ser superficial o profunda. Puede ocurrir en venas varicosas y causar dolor, enrojecimiento y sensibilidad en la zona afectada. A menudo se asocia con coágulos sanguíneos, mientras que las varices son venas dilatadas y tortuosas debido a la insuficiencia valvular.

42. ¿Qué es la tromboflebitis superficial y cómo se relaciona con las varices?

La tromboflebitis superficial es la inflamación de una vena cerca de la superficie de la piel debido a un coágulo de sangre. A diferencia de las varices, que son venas dilatadas, la tromboflebitis suele ser dolorosa.

43. ¿Qué es la insuficiencia venosa crónica y cómo se relaciona con las varices?

La insuficiencia venosa crónica es una afección en la que las venas tienen dificultades para devolver la sangre al corazón, lo que provoca síntomas como hinchazón, dolor, cambios en la piel y varices debido al reflujo sanguíneo y la presión venosa prolongada.

44. ¿Qué es la insuficiencia venosa profunda?

Es una condición en la que las válvulas en las venas profundas de las piernas no funcionan correctamente, lo que provoca una acumulación de sangre y puede conducir a síntomas más graves que las varices superficiales.

45. ¿Pueden ser hereditarias?
La predisposición a desarrollar varices puede ser hereditaria. Si uno o ambos padres tienen varices, el riesgo de que sus hijos las desarrollen es mayor, aunque influye también el estilo de vidal

46. ¿Cómo influye la genética en su desarrollo?
La genética puede desempeñar un papel importante en la predisposición a desarrollar varices. Si hay antecedentes familiares, es más probable que una persona desarrolle varices debido a la debilidad hereditaria en las paredes venosas o válvulas.

47. ¿El embarazo siempre causa varices?
No siempre, aunque aumenta el riesgo.

48. ¿Es posible prevenirlas durante el embarazo?
Aunque no se pueden prevenir completamente, usar medias de compresión, mantener un peso saludable, elevar las piernas y hacer ejercicio de bajo impacto regularmente puede reducir el riesgo de desarrollar varices durante el embarazo.

49. ¿Cuál es el impacto del embarazo en las varices?
El embarazo aumenta el riesgo de varices debido a cambios hormonales, aumento del volumen sanguíneo y presión del útero sobre las venas pélvicas, aunque a menudo mejoran después del parto.

50. ¿Cómo se puede prevenir el empeoramiento de las varices durante el embarazo?
Para prevenir el empeoramiento de las varices durante el embarazo, se recomienda usar medias de compresión, realizar ejercicio moderado, elevar las piernas y evitar estar de pie o sentada durante largos periodos.

51. ¿Cómo puede ayudar la elevación de las piernas?
Elevar las piernas por encima del nivel del corazón varias veces al día suele reducir la presión en las venas de las piernas, mejorar el retorno venoso y aliviar la hinchazón y el malestar asociados con las varices.

52. ¿Cómo puede ayudar el uso de almohadas para elevar las piernas durante el descanso?

Usar almohadas para elevar las piernas mientras se descansa ayuda a mejorar el flujo sanguíneo de regreso al corazón, reduce la hinchazón y alivia la presión sobre las venas afectadas por las varices.

53. ¿Qué es el síndrome de congestión pélvica?

El síndrome de congestión pélvica es una condición en la que las venas en la pelvis se dilatan y pueden causar dolor crónico. Está relacionado con las varices pélvicas y puede ser más común en mujeres que han tenido múltiples embarazos.

54. ¿Es posible que causen problemas en el sueño?

El malestar y los calambres nocturnos asociados con las varices pueden interferir con el sueño, afectando el descanso y la calidad de vida.

55. ¿Pueden causar calambres nocturnos en las piernas?

Sí, las varices pueden contribuir a la aparición de calambres nocturnos debido a la mala circulación y la acumulación de sangre en las venas afectadas. Mantener las piernas elevadas y usar compresión puede ayudar a aliviar estos síntomas.

56. ¿Qué es la terapia compresiva o de compresión y cómo se utiliza?

La terapia compresiva implica el uso de medias o vendajes de compresión para mejorar el flujo sanguíneo en las piernas, reducir la hinchazón y aliviar los síntomas de las varices. Las medias aplican presión graduada, siendo más ajustadas en el tobillo y disminuyendo hacia arriba.

57. ¿Qué son las medias de compresión y cómo ayudan?

Las medias de compresión son prendas elásticas que aplican presión en las piernas para mejorar el flujo sanguíneo y reducir la hinchazón, el dolor y la sensación de pesadez asociados con las varices.

58. ¿Qué es el vendaje compresivo y cómo se utiliza?

El vendaje compresivo implica envolver las piernas con vendajes elásticos para aplicar presión, mejorar la circulación venosa y reducir la hinchazón y el dolor asociados con las varices.

59. ¿El calor puede afectar las varices?

Sí, el calor puede dilatar las venas y empeorar los síntomas de las varices, por lo que es recomendable evitar baños calientes prolongados y protegerse del calor extremo.

60. ¿Cómo afecta el sobrepeso o la obesidad?

El sobrepeso ejerce presión adicional sobre las venas de las piernas, dificulta el retorno venoso y debilita las válvulas venosas, lo que puede contribuir al desarrollo y empeoramiento de las varices e insuficiencia venosa.

61. ¿Qué papel juega la hidratación en la salud venosa?

Mantenerse bien hidratado ayuda a mejorar la circulación sanguínea y puede prevenir la hinchazón y la pesadez en las piernas, lo que es beneficioso para las personas con varices.

62. ¿Qué impacto tiene el fumar?

Fumar daña los vasos sanguíneos y afecta la circulación, lo que puede contribuir al desarrollo y empeoramiento de las varices.

63. ¿El consumo de alcohol afecta a las varices?

El consumo excesivo de alcohol puede dilatar las venas y empeorar los síntomas de las varices, además de contribuir a la deshidratación y otros problemas circulatorios, aumentando el riesgo de complicaciones.

64. ¿Cómo influye el envejecimiento en su desarrollo?

Con la edad, las venas suelen perder elasticidad y las válvulas pueden debilitarse, lo que aumenta el riesgo de desarrollar varices debido a la acumulación de sangre en las venas.

65. ¿Es recomendable masajear las piernas con varices?

Los masajes suaves pueden mejorar la circulación y aliviar el malestar en las piernas con varices, pero se debe evitar aplicar presión directa sobre las venas prominentes o inflamadas.

66. ¿Cómo pueden ayudar los masajes terapéuticos?

Los masajes terapéuticos pueden mejorar la circulación, reducir la hinchazón y aliviar la tensión muscular en las piernas, lo que puede aliviar algunos síntomas asociados con las varices. Es importante evitar la presión directa sobre las varices.

67. ¿Pueden afectar la fertilidad?
No hay evidencia directa de que las varices afecten la fertilidad, pero las condiciones relacionadas, como el varicocele en hombres, pueden impactarla. En mujeres, las varices pélvicas podrían asociarse con dolor pélvico crónico.

68. ¿Puede ayudar la práctica de yoga?
El yoga suele mejorar la circulación, fortalecer los músculos de las piernas, reducir la presión venosa y aumentar la flexibilidad, lo que puede aliviar algunos síntomas de las varices. Las posturas que elevan las piernas suelen ser especialmente útiles.

69. ¿El estrés puede influir en su desarrollo?
El estrés crónico puede afectar la salud vascular al aumentar la presión arterial y causar inflamación, lo que podría influir en el desarrollo y empeoramiento de las varices. Técnicas de control del estrés, como la meditación y el yoga, pueden beneficiar la salud venosa.

70. ¿Cómo pueden ayudar las técnicas de relajación?
Las técnicas de relajación, como la meditación o la respiración profunda, ayudan a reducir el estrés y mejorar el flujo sanguíneo general, lo que puede tener un efecto positivo en la salud venosa.

71. ¿Cómo pueden ayudar las técnicas de respiración profunda a mejorar la salud venosa?
La respiración profunda mejora el retorno venoso al corazón al aumentar la presión en el abdomen y el tórax, lo que puede ayudar a aliviar la presión en las venas de las piernas.

72. ¿Cómo se relacionan las varices con el síndrome de piernas inquietas?
Las personas con varices pueden experimentar una sensación de inquietud en las piernas, similar al síndrome de piernas inquietas, debido a la acumulación de sangre y la presión en las venas.

73. ¿Es posible usar maquillaje para ocultar las varices?
El maquillaje o los productos correctores pueden ayudar a disimular la apariencia de las varices, aunque no tratan la causa subyacente.

74. ¿Cómo se diferencian las varices de las venas perforantes incompetentes?
Las venas perforantes incompetentes son venas que conectan el sistema venoso superficial con el profundo y, cuando son incompetentes, pueden contribuir al desarrollo de varices al permitir el reflujo de sangre.

75. ¿Cómo influyen los cambios hormonales de la menopausia?
Durante la menopausia, la disminución de los niveles de estrógenos puede afectar la elasticidad de las venas, lo que puede aumentar el riesgo de desarrollar o empeorar las varices.

76. ¿Qué papel juegan los antioxidantes en la salud venosa?
Los antioxidantes, presentes en alimentos como frutas y verduras, ayudan a proteger las paredes venosas del daño oxidativo, fortaleciendo las venas y reduciendo el riesgo de desarrollar varices.

77. ¿Cómo pueden ayudar las duchas de agua fría?
Las duchas de agua fría pueden ayudar a contraer los vasos sanguíneos y mejorar la circulación, lo que puede aliviar temporalmente la hinchazón y el malestar asociados con las varices.

78. ¿Qué es la hidroterapia y cómo puede ayudar?
La hidroterapia implica el uso de agua a diferentes temperaturas para mejorar la circulación y reducir la inflamación. Los baños de contraste (alternar agua caliente y fría) pueden ser particularmente útiles para mejorar la circulación en las piernas, ayudando a aliviar los síntomas de las varices.

79. ¿Qué papel juega el colágeno en la salud venosa y la prevención de varices?
El colágeno es una proteína importante para la integridad

estructural de los vasos sanguíneos. Mantener niveles adecuados de colágeno puede ayudar a fortalecer las paredes venosas y prevenir la dilatación que conduce a las varices.

80. ¿Cuál es el papel de la vitamina C en la salud venosa?

La vitamina C es esencial para la producción de colágeno, que fortalece las paredes de las venas y mejora la circulación, lo que puede ayudar a prevenir o reducir las varices.

81. ¿Cómo puede ayudar el uso de suplementos?

Algunos suplementos, como los que contienen extractos de castaño de indias o flavonoides, entre otros, ayudan a mejorar la circulación y fortalecer las paredes venosas, ayudando en el manejo de las varices. Lo veremos en el capítulo "Suplementos nutricionales".

82. ¿Qué es el síndrome de May-Thurner y su relación con las varices?

El síndrome de May-Thurner es una condición en la que la vena ilíaca izquierda es comprimida por la arteria ilíaca derecha, lo que puede causar hinchazón, dolor y desarrollo de varices en la pierna izquierda.

83. ¿Cómo puede ayudar la compresión neumática intermitente?

Este tratamiento utiliza un dispositivo que se infla y desinfla alrededor de las piernas para mejorar la circulación sanguínea, reducir la hinchazón y aliviar los síntomas de las varices cuando se usan regularmente.

84. ¿Cómo puede beneficiar el uso de aceites esenciales?

Algunos aceites esenciales, como el ciprés o el romero, ayudan a mejorar la circulación y reducir la hinchazón cuando se aplican tópicamente con un masaje suave. Sin embargo, siempre es importante diluir los aceites esenciales y realizar una prueba de sensibilidad antes de usarlos ampliamente.

85. ¿La terapia con ventosas puede ser útil?

La terapia con ventosas es una técnica de medicina alternativa que implica el uso de copas para crear succión en la piel, ayudando a mejorar la circulación sanguínea.

86. ¿Qué es el síndrome de Klippel-Trenaunay y su relación con las varices?

El síndrome de Klippel-Trenaunay es una rara afección congénita que se caracteriza por malformaciones vasculares, varices y crecimiento excesivo de tejidos blandos y huesos, lo que puede causar complicaciones venosas significativas.

87. ¿Qué es la dermatoliposclerosis y cómo se relaciona con las varices?

La dermatoliposclerosis es una condición que se desarrolla como resultado de la insuficiencia venosa crónica, donde la piel y los tejidos subyacentes se endurecen y decoloran. Las varices no tratadas pueden contribuir a esta condición.

88. ¿Qué es la técnica CHIVA para tratar las varices?

La técnica CHIVA (Cura Conservadora y Hemodinámica de la Insuficiencia Venosa Ambulatoria) es un enfoque conservador que busca preservar la función venosa mediante la corrección del flujo sanguíneo sin eliminar las venas.

89. ¿Qué profesionales de la salud tratan las varices?

Las varices pueden ser tratadas por flebólogos, cirujanos vasculares y dermatólogos especializados en tratamientos vasculares.

90. ¿Qué es la flebografía y cómo se utiliza en el diagnóstico de varices?

La flebografía es un procedimiento de diagnóstico por imágenes que utiliza un medio de contraste inyectado en las venas para visualizar su estructura y función en una radiografía. Se utiliza para evaluar casos complejos de varices e insuficiencia venosa.

91. ¿La cirugía para tratar las varices es dolorosa?

La mayoría de los procedimientos modernos para tratar las varices son mínimamente invasivos y se realizan con anestesia local, lo que minimiza el dolor y el tiempo de recuperación.

92. ¿Es necesario ayunar antes de los procedimientos para varices?

Dependiendo del tipo de procedimiento, tu médico puede recomendar ayuno previo, especialmente si se administra algún tipo de anestesia.

93. ¿Cuál es el tiempo de recuperación tras un procedimiento para tratar varices?

El tiempo de recuperación varía según el tipo de procedimiento, pero la mayoría de los tratamientos modernos permiten una rápida vuelta a las actividades normales.

94. ¿Qué cuidados postoperatorios son necesarios después de tratar las varices?

Los cuidados dependen del procedimiento. En algunas intervenciones se recomienda usar medias de compresión, evitar la exposición prolongada al sol e hidratarse adecuadamente. Sigue las indicaciones médicas para asegurar una recuperación óptima.

95. ¿Qué es la transiluminación y cómo se utiliza en el tratamiento de varices?

La transiluminación es una técnica que utiliza una luz especial para visualizar las venas varicosas bajo la piel, ayudando a guiar los procedimientos de tratamiento como la escleroterapia o la fleboextracción.

96. ¿Qué es la flebectomía ambulatoria y cómo se realiza?

La flebectomía ambulatoria es un procedimiento quirúrgico menor en el que se eliminan las venas varicosas a través de pequeñas incisiones en la piel. Se realiza bajo anestesia local, es efectivo para tratar las venas superficiales y los pacientes pueden volver a casa el mismo día.

97. ¿Qué es la fleboextracción y cuándo se utiliza?

La fleboextracción es un procedimiento quirúrgico que consiste en la extracción de una vena varicosa a través de pequeñas incisiones. Se utiliza generalmente para tratar varices grandes y severas.

98. ¿Qué es el stripping venoso y cómo se utiliza para tratar las varices?

El stripping venoso es un procedimiento quirúrgico en el que se extrae una vena varicosa larga mediante el uso de un dispositivo especial. Este tratamiento se realiza bajo anestesia y se utiliza para eliminar venas gravemente afectadas.

99. ¿Qué es la esclerosis o escleroterapia guiada por ultrasonido?

Es una técnica en la que se utiliza ultrasonido para visualizar las venas varicosas durante la escleroterapia, permitiendo al médico inyectar con precisión la solución esclerosante en venas que no son visibles a simple vista, mejorando la precisión y efectividad del tratamiento.

100. ¿Cómo se realizan los procedimientos de escleroterapia?

La escleroterapia implica la inyección de una solución en la vena afectada, que provoca que las paredes de la vena se adhieran y eventualmente se cierren, redirigiendo el flujo sanguíneo a venas sanas.

101. ¿Qué es la terapia de escleroterapia o esclerosis con espuma?

La escleroterapia con espuma es un procedimiento en el que se inyecta una solución espumosa en las venas varicosas para cerrarlas y redirigir el flujo sanguíneo hacia venas saludables.

102. ¿Qué es la esclerosis química y en qué se diferencia de la esclerosis por espuma?

La esclerosis química utiliza una solución líquida para tratar las venas varicosas, mientras que la esclerosis por espuma utiliza una versión espumosa del agente esclerosante.

103. ¿Qué es la terapia de microesclerosis o microescleroterapia y para qué se utiliza?

La microescleroterapia es una técnica utilizada para tratar arañas vasculares y varices pequeñas. Consiste en inyectar una solución esclerosante con agujas muy finas para cerrar las venas afectadas.

104. ¿Qué es la esclerosis láser endovenosa y cómo se utiliza para tratar las varices?

La EVLT es un procedimiento mínimamente invasivo que utiliza energía láser para cerrar las venas varicosas desde el interior. Se realiza bajo guía ecográfica y es efectivo para tratar venas más grandes.

105. ¿Qué es la terapia con láser transdérmico o transcutáneo y cómo se utiliza para tratar las varices?

La terapia con láser transdérmico implica el uso de un láser que se aplica externamente sobre la piel para tratar las pequeñas venas varicosas superficiales, como las arañas vasculares. El láser calienta y destruye las venas sin necesidad de incisiones ni inyecciones. Es un procedimiento no invasivo que puede mejorar la apariencia de la piel.

106. ¿Qué es la fotocoagulación con láser y cómo se utiliza para tratar las arañas vasculares?

La fotocoagulación con láser es un procedimiento que utiliza energía láser para calentar y cerrar las arañas vasculares. Es un tratamiento no invasivo que puede mejorar la apariencia de la piel.

107. ¿Qué es el tratamiento con microondas y cómo se utiliza para tratar las varices?

El tratamiento con microondas utiliza energía de microondas para calentar y cerrar las venas varicosas. Es una técnica relativamente nueva y mínimamente invasiva que ofrece otra opción para tratar las varices.

108. ¿Qué es la terapia con infrarrojos y cómo se utiliza?

La terapia con infrarrojos utiliza luz infrarroja para penetrar la piel y mejorar la circulación, aliviar el dolor y reducir la inflamación. Aunque es prometedor, su efectividad específica para las varices requiere más investigación.

109. ¿Qué es la terapia de inyección de pegamento y cómo se utiliza?

La terapia de inyección de pegamento implica el uso de un adhesivo médico para cerrar las venas varicosas. Es un procedimiento rápido y efectivo que no requiere calor ni incisiones.

110. ¿Qué es la terapia con ozono y cómo se aplica a las varices?

La terapia con ozono implica la inyección de una mezcla de oxígeno y ozono en las venas afectadas para mejorar la circulación y reducir la inflamación. Sin embargo, su efectividad para las varices no está bien documentada científicamente.

111. ¿Qué es la angiogénesis y cómo se relaciona con las varices?

La angiogénesis es el proceso de formación de nuevos vasos sanguíneos. En el contexto de las varices, la angiogénesis puede contribuir a la formación de nuevas venas anormales después de ciertos tratamientos.

112. ¿Las varices pueden reaparecer después de un tratamiento?

Sí, las varices pueden reaparecer después de cualquier tratamiento, especialmente si no se abordan las causas o los factores de riesgo subyacentes. El seguimiento médico y el mantenimiento de un estilo de vida saludable son esenciales.

PLAN PRACTICO RECOMENDADO

Aquí tienes un plan práctico y detallado con acciones efectivas que te ayudarán a tratar las venas varicosas. Este enfoque integral está pensado para guiarte, paso a paso, en la recuperación de tu bienestar. ¡Empecemos!

• **Comprende el origen de las varices**: Identificar las causas de tus varices es el primer paso, y también el más importante. Entender qué ha provocado su aparición permitirá que trabajes en prevenir y reducir estos factores. Para obtener información más detallada, consulta el capítulo "Las varices", especialmente las secciones: "Causas" y "Disminución de los síntomas y prevención". ¡Te resultará de gran utilidad!

• **Fortalece tu organismo con suplementos**: Incorporar suplementos nutricionales en tu día a día puede marcar una gran diferencia en tu recuperación. Estos ayudan a reforzar la salud de tus venas desde el interior, acelerando el proceso de mejora. En el próximo capítulo encontrarás una guía con los suplementos más eficaces y cómo usarlos de manera segura para lograr mejores resultados.

• **El poder de las plantas medicinales**: La naturaleza nos brinda soluciones poderosas. Las plantas medicinales y los tratamientos fitoterapéuticos son excelentes aliadas para aliviar las molestias y favorecer la salud de tus venas. Consulta el capítulo "Plantas medicinales" para descubrir opciones específicas que te ayudarán a obtener una mejoría.

• **Adopta una alimentación adecuada**: Los alimentos que eliges cada día tienen un impacto directo en la salud de tus venas. Una dieta equilibrada y adecuada puede ser tu mejor aliada para combatir las varices, mientras que ciertos alimentos podrían dificultar tu recuperación. Por eso, es fundamental prestar atención a lo que comes. En los capítulos "Alimentos que transforman" y "Zumos y jugos", descubrirás alimentos beneficiosos y más de 50 recetas deliciosas y saludables diseñadas para cuidar tu sistema venoso. Además, encontrarás una guía de zumos especiales que te ayudarán a fortalecer tus venas y mejorar tu bienestar. ¡Tu salud empieza en tu plato!

• **Revisa el impacto de los medicamentos**: Si sospechas que algún medicamento podría estar empeorando tus síntomas, es importante hablar con tu médico. Esto es especialmente relevante en el caso de los anticonceptivos hormonales o cualquier tratamiento que influya en la circulación. Tu especialista te ayudará a evaluar si existen alternativas más apropiadas para tu situación.

• **Estilo de vida**: Algunos ajustes en tu rutina diaria pueden tener un impacto significativo en el control y la mejora de tus varices. Explora las estrategias prácticas que encontrarás en el capítulo "Las varices", en las secciones "Disminución de los síntomas y prevención" y "Consejos adicionales". Desde pequeños hábitos hasta cambios más profundos, cada esfuerzo cuenta en este camino hacia una mejor salud.

• **Ponle movimiento a tu día a día**: El ejercicio físico es vital para activar tu circulación sanguínea y mejorar tus semillas venosas. Actividades como caminar, nadar, montar en bicicleta o bailar no solo benefician tus piernas, sino que también aumentan tu bienestar general. Añadir movimiento a tu vida puede hacer maravillas por tu salud, ¡y es un hábito que disfrutarás!

Si además de las varices sufres hemorroides o estreñimiento, quizá desees consultar los remedios ofrecidos en mis libros:

• **HEMORROIDES**. Alimentos, Suplementos y Plantas Medicinales
• **ESTREÑIMIENTO**. Alimentos, Suplementos y Plantas Medicinales

Recuerda: cada paso cuenta

Cada pequeño cambio que realices en tu vida suma para avanzar hacia una salud venosa óptima. A veces, los logros no son inmediatos, pero cada esfuerzo que inviertes te acerca a una mejoría visible y notable. Nunca subestimes el impacto positivo de tus decisiones, porque tienes en tus manos la capacidad de transformar tu bienestar.

¡Confía en ti y da el primer paso hoy mismo!

SUPLEMENTOS NUTRICIONALES

En el camino hacia la mejora de nuestra salud y calidad de vida, los suplementos nutricionales han pasado a ser un recurso cada vez más relevante. Estos productos, disponibles en una amplia variedad de formatos –como tabletas, cápsulas, polvos o líquidos fáciles de consumir–, están concebidos para complementar la alimentación diaria mediante el aporte de nutrientes esenciales que, en muchas ocasiones, son difíciles de alcanzar solo a través de los alimentos habituales. Entre sus componentes destacan las vitaminas, minerales, aminoácidos, antioxidantes y otros compuestos bioactivos, todos ellos en proporciones específicas que permiten cubrir incluso las necesidades más exigentes. Esto resulta especialmente útil en casos de dietas restrictivas, desequilibrios alimenticios o cuando el cuerpo necesita un apoyo adicional debido a demandas fisiológicas aumentadas.

Además, la utilidad de los suplementos supera su función como complemento nutricional, abarcando una amplia gama de beneficios adaptados a diferentes necesidades. Desde mejorar el rendimiento físico y aumentar los niveles de energía, hasta facilitar el día a día de quienes llevan vidas aceleradas, ofrecen soluciones prácticas y eficaces. Su importancia se acentúa en situaciones de salud más delicadas, como enfermedades, dolencias específicas o condiciones crónicas; en estos casos, además de reforzar la dieta, los suplementos pueden desempeñar un papel activo ayudando al cuerpo a recuperar funciones alteradas, aliviar ciertos síntomas y apoyar procesos de recuperación más complejos.

Saber cómo incorporar estos suplementos de manera adecuada es esencial para integrarlos eficazmente en un enfoque global de cuidado personal y terapéutico. Esto supone valorar sus beneficios desde una perspectiva científica respaldada por evidencia y, en caso necesario, bajo la orientación de un profesional de la salud. Utilizados con conocimiento y criterio, los suplementos pueden convertirse en herramientas clave para transformar tu bienestar de forma gradual, sostenible y significativa. Recuerda que cada pequeño paso encaminado al cuidado de tu cuerpo es un avance hacia sentirte mejor, con más energía y fuerza para afrontar el día a día. ¡Atrévete a dar ese paso hacia un cambio positivo!

Precauciones esenciales

Es crucial entender que los suplementos pueden tener efectos secundarios, contraindicaciones e interacciones con fármacos. Por ello, asegúrate de leer detenidamente los efectos adversos señalados al final de este capítulo. Además, considera tu estado de salud en general y evita cualquier suplemento que pueda interferir con los fármacos que estés tomando o con otros problemas de salud que ya tengas.

Suplementos nutricionales y varices

En la agitación de la vida moderna, nos enfrentamos al desafío constante de equilibrar nuestras responsabilidades y cuidar de nuestro bienestar. Muchas veces, el ritmo frenético del día a día nos lleva a descuidar aspectos clave de nuestra salud, y en este contexto, las varices se han convertido en uno de los problemas que afectan a una gran parte de la población. Estas venas dilatadas y retorcidas que suelen aparecer en las piernas no solo influyen en nuestra apariencia, sino que también generan molestias físicas que pueden comprometer nuestra calidad de vida.

Conocer las mejores herramientas para cuidar tus venas puede marcar una gran diferencia, y es aquí donde los suplementos nutricionales juegan un papel importante. Este capítulo está diseñado para explorar cómo una alimentación enriquecida con ciertos suplementos puede convertirse en un aliado poderoso en la lucha contra las varices.

Cada vez más investigaciones destacan que una correcta suplementación ayuda a fortalecer las paredes de los vasos sanguíneos, optimizar la circulación y reducir el malestar asociado con esta condición.

En las páginas que siguen, te invito a descubrir los suplementos más recomendados, sus mecanismos de acción y sus beneficios potenciales. Además, se proporciona información clara sobre su dosificación para que puedas incorporarlos de manera efectiva a tu rutina diaria. Para facilitar tu búsqueda, los suplementos estarán organizados en orden alfabético.

Con pequeños cambios en tu salud nutricional, podrás apoyar a tu cuerpo para mejorar las molestias y cuidar tus venas. ¡Comencemos!

Castaño de Indias

Es un suplemento natural ampliamente utilizado para aliviar los síntomas de las varices. Sus beneficios se deben principalmente a su contenido de un compuesto llamado escina, que tiene propiedades antiinflamatorias y fortalecedoras de los vasos sanguíneos. A continuación, se mencionan algunos de los beneficios para las varices:

• Mejora la circulación: Ayuda a fortalecer las paredes de las venas y reduce la inflamación, lo que contribuye a mejorar la circulación en las piernas afectadas por las varices.

• Alivia el dolor y la pesadez: Sus propiedades antiinflamatorias ayudan a reducir el dolor, la hinchazón y la sensación de pesadez asociados con las varices.

• Fortalece los vasos sanguíneos: La escina presente en el castaño de Indias ayuda a fortalecer los vasos sanguíneos y a mejorar su elasticidad, lo que puede prevenir la formación de nuevas varices y reducir la aparición de las existentes.

• Antioxidante: Contiene antioxidantes que protegen los tejidos contra el daño de los radicales libres, lo cual es beneficioso para la salud vascular en general.

Dosis Recomendada
Generalmente se encuentra en un rango de 300 a 600 mg de extracto estandarizado (que contiene entre el 20% y el 25% de escina) al día. Esto puede dividirse en dosis más pequeñas a lo largo del día.

Posología
Normalmente se recomienda tomar en dos o tres dosis divididas a lo largo del día. Se recomienda ingerirlo con las comidas para mejorar la tolerancia gastrointestinal y la absorción.

Tiempo de Inicio de Acción medio
Generalmente se observan sus efectos en un plazo de 1 a 2 semanas de uso continuo.

Tiempo Máximo de Uso Continuado
El uso continuado no debe exceder un periodo de 3 a 4 meses. Después de este tiempo, es recomendable hacer una pausa o consultar a tu médico y reevaluar la necesidad de continuar el tratamiento.

Diosmina

La diosmina es un flavonoide que se suele utilizar para el tratamiento de las varices y otros problemas relacionados con la circulación venosa. Sus beneficios principales incluyen:

• Mejora la circulación: Ayuda a fortalecer las paredes de los vasos sanguíneos y a mejorar el flujo sanguíneo. Esto puede aliviar los síntomas asociados con las varices, como el dolor, la pesadez y la hinchazón en las piernas.

• Reduce la inflamación: La diosmina tiene propiedades antiinflamatorias que ayudan a reducir la inflamación en las venas afectadas por las varices. Esto alivia la sensación de malestar y mejora la apariencia de las piernas.

• Fortalece las venas: Promueve la síntesis de colágeno y elastina, dos componentes clave de las paredes venosas. Esto fortalece las venas y las hace más resistentes, disminuyendo así la probabilidad de que se formen nuevas varices.

Dosis Media Recomendada
La dosis común es de 500 mg a 1000 mg al día.

Posología
Se recomienda tomar en dos o tres dosis, preferiblemente con alimentos, para mejorar la absorción y reducir posibles efectos gastrointestinales.

Tiempo de Inicio de Acción
Generalmente se observa un efecto en un plazo de 1 a 2 semanas de tratamiento continuo.

Tiempo Máximo de Uso Continuado
No está estrictamente definido, pero muchos estudios concluyen que se puede utilizar de manera continua durante 3 a 6 meses. Consulta a un profesional de la salud si planeas utilizarlo más de 6 meses seguidos.

Escina

La escina es un compuesto natural que se encuentra en las semillas del castaño de Indias (Aesculus hippocastanum) y se utiliza ampliamente en el tratamiento de las varices y otros trastornos venosos. Algunos de los beneficios son los siguientes:

• Mejora de la circulación: Ayuda a fortalecer las paredes de los vasos sanguíneos y a reducir la permeabilidad capilar. Esto mejora la circulación venosa, reduce la congestión y alivia los síntomas, como la hinchazón, la pesadez y el dolor.

• Acción antiinflamatoria: La escina tiene propiedades antiinflamatorias que reducen la inflamación en las venas. Esto alivia la sensación de malestar y mejora la apariencia de las piernas.

• Protección del sistema venoso: Fortalece las venas y los capilares, lo que ayuda a prevenir la formación de nuevas varices y a reducir la posibilidad de complicaciones, como la formación de úlceras venosas.

Dosis Media Recomendada
Suele oscilar entre 150 mg a 300 mg de escina pura al día.

Posología
Se recomienda tomar dividido en 2 dosis junto con las comidas para mejorar la absorción y minimizar posibles efectos gastrointestinales.

Tiempo de Inicio de Acción
Generalmente se observa su efecto en un plazo de 1 a 2 semanas de tratamiento continuo.

Tiempo Máximo de Uso Continuado
El uso continuado se considera seguro a corto y medio plazo (hasta 6 meses), pero es importante seguir las recomendaciones de un especialista para determinar la duración adecuada según tus necesidades individuales.

Ginkgo biloba

El Ginkgo biloba es una planta medicinal utilizada desde hace cientos de años en la medicina tradicional china por sus diversas propiedades terapéuticas. Si bien se ha estudiado principalmente por sus beneficios en la circulación cerebral y la memoria, también se ha explorado su uso potencial en el tratamiento de las varices. A continuación, se mencionan algunos beneficios del Ginkgo biloba para las varices:

• Mejora la circulación: Tiene propiedades vasodilatadoras y antioxidantes, lo que mejora el flujo sanguíneo y la microcirculación. Esto ayuda a aliviar los síntomas de las varices, como la pesadez y la hinchazón en las piernas.

• Fortalece los vasos sanguíneos: El Ginkgo biloba fortalece las paredes de los vasos sanguíneos, incluyendo las venas, al mejorar la producción de colágeno y elastina. Esto contribuye a reducir la fragilidad de las venas y prevenir la formación de nuevas varices.

• Propiedades antiinflamatorias: Muchos estudios indican que el Ginkgo biloba posee propiedades antiinflamatorias, lo que ayuda a reducir la inflamación en las venas afectadas por las varices. Esto disminuye la sensación de malestar y mejora la apariencia de las piernas.

Dosis Media Recomendada
Se recomienda una dosis de 120 mg a 240 mg de extracto estandarizado al día.

Posología
Se recomienda tomar en 2 o 3 dosis al día, preferiblemente con las comidas para mejorar la tolerancia gastrointestinal.

Tiempo de Inicio de Acción
Se suelen observan sus efectos en un plazo de 4 a 6 semanas de uso continuo.

Tiempo Máximo de Uso Continuado
Muchos estudios concluyen que se puede tomar de forma continua durante 6 meses a 1 año. Sin embargo, es conveniente consultar con un profesional de la salud para determinar la duración adecuada según tus necesidades individuales.

Hesperidina

Es un flavonoide que se encuentra en varios cítricos, como las naranjas y los limones. Se ha estudiado por sus beneficios en el tratamiento de las varices y otros trastornos venosos. A continuación, se mencionan algunos de los beneficios:

• Fortalece los vasos sanguíneos: La hesperidina fortalece las paredes de los vasos sanguíneos, incluyendo las venas, al aumentar la producción de colágeno y mejorar la elasticidad de las paredes venosas. Esto ayuda a reducir la fragilidad de las venas y previene la formación de nuevas varices.

• Mejora la circulación: Ayuda a mejorar la circulación sanguínea y reduce la congestión venosa. Al promover un mejor flujo sanguíneo, alivia los síntomas asociados con las varices, como la pesadez y la hinchazón.

• Acción antioxidante y antiinflamatoria: Tiene propiedades antioxidantes y antiinflamatorias que contribuyen a reducir el estrés oxidativo y la inflamación en las venas afectadas por las varices. Esto ayuda a aliviar la sensación de malestar y mejora la apariencia de las piernas.

Dosis Media Recomendada
Suele oscilar entre 500 mg a 1000 mg al día.

Posología
Se puede tomar una o dos veces al día, con las comidas para mejorar la absorción y reducir posibles efectos gastrointestinales.

Tiempo de Inicio de Acción
Se suelen observar su efectos en un plazo de 2 a 4 semanas de uso continuo.

Tiempo Máximo de Uso Continuado
El tiempo máximo no está claramente establecido, pero muchos expertos sugieren un uso de hasta 6 meses. Es aconsejable consultar con un profesional de la salud para determinar la duración adecuada del tratamiento según tus necesidades individuales.

Niacina o vitamina B3

La niacina, también conocida como vitamina B3, es esencial para el funcionamiento adecuado del cuerpo. Desempeña un papel importante en la salud general de los vasos sanguíneos y tiene algunos efectos positivos para las varices, como son:

• Mejora la circulación sanguínea: La niacina ayuda a mejorar la circulación al dilatar los vasos sanguíneos, lo que a su vez puede aliviar la presión en las venas y mejorar el flujo sanguíneo.

• Reducción del colesterol: Se utiliza comúnmente para ayudar a controlar los niveles de colesterol en la sangre. Al mantener niveles saludables de colesterol, se puede prevenir el daño a los vasos sanguíneos y mejorar la salud cardiovascular en general. Esto es beneficioso en el contexto de las varices, ya que el colesterol alto puede contribuir a su desarrollo.

• Apoyo antioxidante: Tiene propiedades antioxidantes, lo que significa que ayuda a proteger las células y los tejidos del daño causado por los radicales libres. Esto puede ser relevante en el caso de las varices, ya que el estrés oxidativo desempeña un papel en su formación y empeoramiento.

Dosis Media Recomendada
Suele oscilar entre de 500 mg a 2000 mg al día.

Posología
Se recomienda tomar en 1 ó 2 dosis. Es mejor ingerirla con las comidas para reducir el riesgo de efectos secundarios gastrointestinales y minimizar el enrojecimiento de la piel (un efecto secundario común).

Tiempo de Inicio de Acción
Generalmente se observan sus efectos en un plazo de 2 a 4 semanas de uso continuo.

Tiempo Máximo de Uso Continuado
No está estrictamente definido, pero muchos profesionales concluyen que se puede utilizar de manera continua durante 6 a 12 meses bajo supervisión médica. Es importante realizar un seguimiento regular para evaluar la efectividad y cualquier efecto secundario.

Rutina

La rutina o vitamina P, es un flavonoide que se encuentra en varias plantas, como el trigo sarraceno, la manzanilla y los cítricos. Se ha estudiado por sus beneficios para la salud vascular, incluyendo las varices. A continuación, se presentan algunos beneficios:

• Fortalecimiento de los vasos sanguíneos: La rutina tiene propiedades antioxidantes y antiinflamatorias que ayudan a fortalecer los vasos sanguíneos. Esto es beneficioso en el caso de las varices, ya que éstas se forman cuando las venas se debilitan y dilatan.

• Mejora de la circulación: La rutina ayuda a mejorar la circulación sanguínea al aumentar la resistencia y la elasticidad de los vasos sanguíneos. Esto ayuda a reducir la presión en las venas y mejorar el flujo sanguíneo.

• Reducción de la inflamación: La rutina tiene propiedades antiinflamatorias que ayudan a reducir la inflamación asociada con las varices. Esto alivia la hinchazón y el dolor.

Dosis Media Recomendada
Suele oscilar entre 500 mg a 1000 mg al día.

Posología
Se puede tomar una o dos veces al día, con alimentos para mejorar la absorción y minimizar posibles efectos gastrointestinales.

Tiempo de Inicio de Acción
Generalmente se suelen observar en un plazo de 2 a 4 semanas de uso continuo.

Tiempo Máximo de Uso Continuado
No está estrictamente definido, pero muchos expertos sugieren un uso de hasta 6 meses. Es aconsejable consultar con un profesional de la salud para determinar la duración adecuada según tus necesidades individuales.

Vitamina C

Es un nutriente esencial para el funcionamiento adecuado del cuerpo humano. Desempeña un papel importante en la salud general de los vasos sanguíneos y tiene efectos positivos para las varices como son:

• Fortalecimiento de los vasos sanguíneos: La vitamina C es necesaria para la síntesis de colágeno, una proteína que forma parte de la estructura de los vasos sanguíneos. Al mantener niveles adecuados de vitamina C, se favorece la producción de colágeno y fortalece los vasos sanguíneos, lo que ayuda a prevenir el debilitamiento y la dilatación de las venas.

• Acción antioxidante: La vitamina C es un antioxidante potente que ayuda a proteger las células y los tejidos del daño causado por los radicales libres. El estrés oxidativo contribuye al deterioro de los vasos sanguíneos y empeora las varices. Al consumir suficiente vitamina C, se reduce este estrés oxidativo y promueve la salud de los vasos sanguíneos.

• Promoción de la cicatrización: Es esencial para la producción de colágeno, que es necesario para la cicatrización y reparación de los tejidos. En el caso de las varices, la vitamina C ayuda a acelerar la recuperación de los tejidos dañados y favorece la cicatrización.

Dosis media recomendada
La dosis recomendada puede variar dependiendo de las necesidades individuales, pero generalmente se encuentra entre 500 a 2000 mg al día.

Posología
Se recomienda tomar preferiblemente durante el día, con o sin comida.

Tiempo de Inicio de Acción
El tiempo de inicio de acción puede variar, pero suele mostrar efecto después de algunas semanas de uso continuo.

Tiempo Máximo de Uso Continuado
El uso continuado es generalmente seguro en dosis adecuadas. Se recomienda seguir las instrucciones del fabricante o consultar con un especialista si se planea utilizar

más de 6 meses seguidos, especialmente si se presentan efectos adversos.

Vitamina E

La vitamina E es un nutriente liposoluble con propiedades antioxidantes que desempeña un papel importante en la salud de los vasos sanguíneos y tiene efectos positivos en las varices. A continuación, se presentan algunos:

• Acción antioxidante: Es conocida por su capacidad para neutralizar los radicales libres y reducir el estrés oxidativo en el cuerpo. Esto es beneficioso para las varices, ya que el estrés oxidativo daña los vasos sanguíneos y contribuye a su debilitamiento. Al consumir suficiente vitamina E, se ayuda a proteger y fortalecer los vasos sanguíneos.

• Mejora de la circulación: Mejora la circulación sanguínea al dilatar los vasos sanguíneos y reducir la agregación plaquetaria. Esto ayuda a reducir la presión en las venas y mejorar el flujo sanguíneo, lo cual puede ser beneficioso para las varices.

• Propiedades antiinflamatorias: También tiene propiedades antiinflamatorias que ayudan a reducir la inflamación y el malestar asociados con las varices. Esto alivia los síntomas, como el dolor y la hinchazón.

Dosis Media Recomendada
Oscila entre 100 a 500 UI (unidades internacionales) al día. En algunos casos, se pueden utilizar dosis más altas bajo supervisión médica.

Posología
Se recomienda tomar en 1 ó 2 dosis con comidas que contengan grasa para mejorar su absorción, ya que es una vitamina liposoluble.

Tiempo de Inicio de Acción
Generalmente, los efectos antioxidantes suelen comenzar a

notarse en un plazo de 1 a 3 semanas de uso continuo, aunque los beneficios específicos pueden tardar más tiempo en ser evidentes.

Tiempo Máximo de Uso Continuado
La vitamina E es generalmente segura para el uso a largo plazo. Sin embargo, se recomienda no exceder las dosis de 400 UI al día de forma continua sin supervisión médica. Algunos expertos sugieren un uso continuado de hasta 1 año, pero es importante consultar a un profesional de la salud para determinar la duración adecuada en función de tus necesidades individuales.

Efectos adversos, contraindicaciones e interacciones

Antes de incorporar los suplementos recomendados a tu rutina, es esencial conocer la información sobre posibles efectos adversos que podrían afectar tu salud. Dedica tiempo a leer esta sección con atención para asegurarte de utilizarlos de manera segura y responsable.

Castaño de Indias

• **Efectos secundarios**: Algunas personas pueden experimentar malestar estomacal, náuseas, mareos, dolor de cabeza o picazón en la piel debido al consumo de castaño de Indias.

• **Contraindicaciones**: No se recomienda su uso en mujeres embarazadas o lactantes.

• **Interacciones**: Puede aumentar el riesgo de sangrado si se combina con medicamentos anticoagulantes o antiagregantes plaquetarios. También puede interactuar con medicamentos utilizados para tratar la diabetes y la hipertensión.

Diosmina

• **Efectos secundarios**: En general, se considera segura y bien tolerada. Sin embargo, en algunos casos, pueden presentarse efectos leves, como malestar estomacal, náuseas o diarrea.

• **Contraindicaciones**: No se recomienda su uso en mujeres embarazadas o lactantes, salvo bajo supervisión médica.

• **Interacciones**: No se han reportado interacciones significativas con fármacos.

Escina

• **Efectos secundarios**: Puede causar molestias gastrointestinales, reacciones alérgicas en la piel, y en raros casos, dolor de cabeza o mareos.

• **Contraindicaciones**: No se recomienda para personas alérgicas al castaño de Indias, con problemas renales, o durante el embarazo y la lactancia.

• **Interacciones**: Puede interactuar con fármacos anticoagulantes o que afectan la circulación, aumentando el riesgo de sangrado. Es importante consultar a un médico antes de usarla.

Ginkgo biloba

• **Efectos secundarios**: Algunas personas pueden experimentar efectos secundarios leves, como malestar estomacal, dolor de cabeza, mareos o reacciones alérgicas cutáneas.

• **Contraindicaciones**: Se debe evitar su uso en personas con trastornos hemorrágicos.

• **Interacciones**: Puede interactuar con fármacos anticoagulantes, antiagregantes plaquetarios, anticonvulsivos, antidepresivos y fármacos para tratar la diabetes.

Hesperidina

• **Efectos secundarios**: En general, se considera segura y bien tolerada. Sin embargo, en algunos casos, pueden presentarse efectos secundarios leves, como malestar estomacal o diarrea.

• **Contraindicaciones**: No se recomienda su uso en mujeres embarazadas o lactantes, excepto bajo supervisión médica.

• **Interacciones**: No se han reportado interacciones significativas con medicamentos.

Niacina

• **Efectos secundarios**: Los efectos adversos comunes de la niacina incluyen enrojecimiento de la piel, picazón, sensación de calor y enrojecimiento facial. También puede causar problemas estomacales, como náuseas, vómitos y diarrea. En dosis altas, la niacina puede provocar daño hepático, problemas de azúcar en la sangre y problemas de presión arterial.

• **Contraindicaciones**: No se recomienda su uso en personas con enfermedad hepática, úlceras gástricas o intestinales, gota o diabetes descontrolada.

• **Interacciones**: Puede interactuar con medicamentos para el colesterol, medicamentos para la diabetes, medicamentos para la presión arterial y medicamentos anticoagulantes.

Rutina

• **Efectos secundarios**: Es generalmente bien tolerada, pero en algunos casos puede causar malestar estomacal, náuseas, diarrea o dolores de cabeza.

• **Contraindicaciones**: No se recomienda su uso en mujeres embarazadas o lactantes, salvo bajo supervisión médica.

• **Interacciones**: No se han reportado interacciones significativas con medicamentos.

Vitamina C

• **Efectos secundarios**: En dosis altas, puede causar malestar estomacal, diarrea, náuseas o calambres abdominales. Algunas personas también pueden experimentar acidez estomacal o irritación intestinal.

• **Contraindicaciones**: No se recomienda su uso en personas con trastornos renales o enfermedad renal crónica. Además, se debe tener precaución en personas con antecedentes de cálculos renales o deficiencia de glucosa-6-fosfato deshidrogenasa.

• **Interacciones**: Puede interactuar con ciertos fármacos, como anticoagulantes, aspirina, medicamentos para el cáncer, anticonceptivos orales, antipsicóticos y estatinas.

Vitamina E

• **Efectos secundarios**: En dosis altas, puede causar malestar estomacal, diarrea, dolor de cabeza y fatiga.

• **Contraindicaciones**: No se recomienda su uso en personas con trastornos de la coagulación o que toman fármacos anticoagulantes.

• **Interacciones**: Puede interactuar con fármacos anticoagulantes, aspirina, antiplaquetarios, estatinas y medicamentos utilizados para tratar la presión arterial alta.

ALIMENTOS QUE TRANSFORMAN

A lo largo de la historia, nuestra alimentación ha experimentado cambios profundamente radicales, completamente distintos de los hábitos de nuestros antepasados. Hace millones de años, los primeros humanos estructuraban su dieta en torno a lo que podían recolectar o cazar, dependiendo de alimentos frescos y crudos que el entorno ponía a su alcance. Con la llegada de la agricultura y la ganadería, comenzó una nueva era en la nutrición humana, cambios que se aceleraron aún más con la Revolución Industrial. No obstante, es fundamental comprender que, mientras nuestros hábitos alimenticios evolucionaban de manera drástica, nuestra genética ha permanecido prácticamente sin cambios.

Con el tiempo, se incorporaron alimentos como los lácteos, los cereales, los azúcares refinados y los aceites vegetales, junto con el aumento de la producción intensiva de carne. Aunque estos productos han facilitado el acceso a las comidas y mejorado la practicidad en muchas ocasiones, también han sufrido modificaciones significativas en su composición nutricional. Además, los avances en la conservación de alimentos y las técnicas culinarias trajeron consigo nuevos métodos para almacenar y preparar los alimentos, transformando también su calidad.

En tiempos recientes, ha emergido un escenario preocupante: nuestras costumbres alimenticias han sido dominadas por la alimentación moderna basada en productos ultraprocesados, lo que ha contribuido al creciente aumento de enfermedades crónicas. Problemas como la obesidad, la diabetes tipo 2, la hipertensión y una larga lista de trastornos cardiovasculares y digestivos se han relacionado estrechamente con esta tendencia alimenticia. ¿Por qué ocurre esto? Principalmente porque los alimentos ultraprocesados contienen en exceso carbohidratos refinados, grasas perjudiciales, azúcares añadidos, aditivos químicos y aceites vegetales de pobre calidad. Incluso las carnes y otros productos de origen animal provenientes de sistemas de producción intensiva suelen estar cargados de elementos dañinos para la salud. Estos alimentos han desplazado las dietas tradicionales basadas en alimentos frescos y naturales, rompiendo el equilibrio que promovía el bienestar en nuestros ancestros.

Sin embargo, hay una esperanza para revertir esta realidad: realizar pequeños y conscientes cambios en nuestra alimentación puede producir grandes beneficios. Volver a una dieta equilibrada, rica en nutrientes y basada en alimentos frescos es clave para construir una base sólida de salud. Incorporar frutas, verduras frescas, tubérculos, legumbres, frutos secos y semillas es un excelente comienzo para transformar nuestra manera de nutrirnos. A pesar de ello, sigue existiendo un importante desafío: en muchas partes del mundo, el consumo de estos alimentos naturales permanece alarmantemente bajo.

Adoptar un estilo de vida basado en una alimentación consciente no solo ayuda a prevenir enfermedades asociadas con los malos hábitos dietéticos, sino que también revitaliza el cuerpo y la mente. Dar prioridad a los alimentos reales y reducir los ultraprocesados nos encamina hacia una vida más saludable, equilibrada y vigorosa. Este es el momento de reaprender el poder transformador de una dieta sana, no como una forma de restricción, sino como un acto de cuidado hacia nosotros mismos. ¡Tu salud merece ese compromiso!

Comprendiendo el vínculo entre nutrición y salud

¿Cuántas veces te has preguntado si lo que comes realmente beneficia tu bienestar? La conexión entre la alimentación y la salud es mucho más profunda de lo que solemos imaginar. Aprender a identificar los alimentos que son aliados de una buena salud y aquellos que conviene evitar según tus necesidades particulares es clave para mejorar tu calidad de vida. Este tema, lejos de ser novedoso, ha sido objeto de estudio a lo largo de siglos. Desde tiempos remotos, distintas culturas han aprovechado el poder terapéutico de la nutrición para tratar enfermedades y fortalecer el cuerpo, dejando un legado lleno de sabiduría.

Los antiguos sistemas médicos, como la medicina tradicional china, las prácticas del antiguo Egipto, Grecia y Roma, junto con el Ayurveda de la India y los tratamientos indígenas de las Américas, exploraron las propiedades restauradoras de los alimentos naturales presentes en la dieta cotidiana. Este conocimiento, transmitido de generación en generación, se fundamentaba en la creencia de que los alimentos no solo nutren, sino que también protegen, alivian e incluso curan.

Durante mucho tiempo, la medicina convencional relegó estas ideas considerándolas supersticiones sin sustento científico. A pesar de ello, las prácticas tradicionales inspiraron estudios modernos que han confirmado lo que nuestros antepasados intuían: lo que comemos tiene un impacto directo, no solo en nuestra salud física, sino también en nuestro estado emocional. Investigaciones actuales han logrado identificar compuestos en los alimentos que poseen propiedades terapéuticas, capaces de prevenir enfermedades, aliviar síntomas y mejorar el bienestar.

Los investigadores han dedicado años a estudiar cómo ciertos alimentos fortalecen el organismo y lo protegen contra afecciones crónicas. Al analizar comunidades con baja incidencia de enfermedades, han encontrado patrones alimenticios que contrastan con aquellas que sufren mayores problemas de salud. Estas observaciones han permitido comprender cómo determinados nutrientes influyen en la vitalidad y la longevidad. Por ejemplo, ciertos alimentos ofrecen beneficios específicos: propiedades antiinflamatorias que alivian el dolor crónico y los problemas articulares, efectos antimicrobianos que refuerzan el sistema inmunitario, acciones anticoagulantes que mejoran la salud cardiovascular, efectos antihipertensivos que regulan la presión arterial y compuestos que mejoran el estado de ánimo, disminuyendo la ansiedad y favoreciendo el bienestar emocional.

Lo que decides poner en tu plato no solo afecta tus niveles de energía diaria, sino también tu capacidad para recuperarte, resistir enfermedades y disfrutar de una vida plena. En contraposición, descuidar la dieta o elegir alimentos poco saludables puede agravar problemas físicos, potenciar síntomas y perjudicar tu bienestar.

Es inspirador saber que cada día tienes la oportunidad de apostar por una vida más saludable con tus decisiones alimenticias. Aunque factores externos como el clima o la contaminación escapen a tu control, tu alimentación es una herramienta esencial para cuidar tu cuerpo. Con cada ingrediente que eliges, impactas positivamente tanto tu físico como tu mente.

Saber cuáles alimentos son los más apropiados para tus necesidades específicas y cuáles podrían afectar tu salud te permitirá adaptar tu estilo de vida para lograr el equilibrio perfecto. La nutrición, como la medicina original de la humanidad, no solo es una fuente de bienestar, sino también un puente hacia nuestras raíces, que nos prepara para un futuro lleno de posibilidades.

Con esta recopilación de conocimientos, te invito a descubrir cómo la nutrición puede convertirse en tu mejor aliada para aliviar enfermedades, fortalecer el cuerpo y disfrutar de una vida más feliz. ¿Estás dispuesta/o a iniciar este camino de aprendizaje y transformación? Tu bienestar está en tus manos y cada decisión en la cocina puede abrir la puerta a una salud más plena y sostenible.

Empieza hoy mismo: Nutre tu cuerpo, alimenta tu alma y vive con plenitud.

Alimentos que curan según la MTC

La Medicina Tradicional China (MTC) nos enseña que existen alimentos increíblemente efectivos para aliviar y mejorar los efectos de las varices. Estos alimentos, además de ser antiinflamatorios, ayudan a reducir la dilatación venosa y aliviar el dolor asociado. Son ricos en fibra y están cargados de nutrientes esenciales como los bioflavonoides y las vitaminas A, B, C y E, así como potasio y minerales como el zinc, los cuales juegan un papel clave en fortalecer las paredes de las venas y promover su salud.

No podemos olvidar la importancia de una buena hidratación. Consumir al menos litro y medio de agua al día (equivalente a seis vasos) es esencial para favorecer una mejor circulación sanguínea, algo fundamental si padeces esta afección.

A continuación, encontrarás una lista en orden alfabético de estos alimentos recomendados para el bienestar de tus venas. ¡Descúbrelos y mejora tu salud con cada bocado!

Albaricoque (Prunus armeniaca)

Ingredientes: 50 g de almendras de albaricoque y 50 g de arroz redondo no glutinoso.

Preparación: Muele las almendras y déjalas en remojo en agua durante 2 horas. Extrae el jugo y hiérvelo en 1 litro y medio de agua hasta que se reduzca a medio litro. Añade el arroz y prepara una sopa. Tómala dos veces al día.

Precauciones: Según la Medicina Tradicional China, debido a su naturaleza caliente, el consumo excesivo de albaricoques puede causar ulceraciones de naturaleza caliente, que pueden resultar en ceguera y alopecia. Por lo tanto, se debe consumir la cantidad recomendada. Las personas con calor interno crónico deben evitarlo. La semilla del albaricoque contiene amigdalina, que al ser ingerida se convierte en ácido hidrociánico, una sustancia altamente tóxica, por lo que tampoco se debe consumir en exceso.

Higo (Ficus carica)

Ingredientes: 2 higos frescos y no maduros.

Preparación: Consume los higos por la mañana y por la noche.

Precauciones: Según la MTC, el higo fresco tiene propiedades laxantes, por lo que no debe ser consumido por personas con heces blandas o líquidas.

Judía adzuki o azuki (Phaseolus angularis)

Ingredientes: 60 g de judía adzuki y tripa de cerdo.

Preparación: Hierve todo a fuego lento hasta que esté bien cocido. Toma este caldo durante 4 a 6 días.

Precauciones: Según la MTC, debido a su efecto diurético, el consumo excesivo de judía adzuki puede provocar pérdida de líquidos corporales y pérdida de peso. Las personas que orinan con frecuencia y en grandes cantidades deben consumirla con precaución.

Kiwi (Actinidia chinensis)

Ingredientes: 200 g de kiwi fresco.

Preparación: Consume los kiwis pelados y triturados dos veces al día, por la mañana y por la noche.

Precauciones: Según la MTC, debido a su naturaleza fría, el kiwi puede causar diarrea si se consume en exceso. Por lo tanto, no se debe consumir en grandes cantidades, especialmente por personas propensas a la diarrea o con problemas estomacales delicados.

Tofu

Ingredientes: media rodaja de tofu, 1 cucharadita de azúcar y agua.

Preparación: Coloca el tofu y el azúcar en una olla y añade agua hasta cubrir el tofu. Hierve y luego reduce el fuego, manteniéndolo durante 5 minutos. Apaga el fuego y retira.

Consume esta preparación en ayunas por la mañana.

Otros alimentos que te ayudarán

Además de los mencionados anteriormente, incorporar los siguientes alimentos en tu dieta puede ofrecer grandes beneficios para la salud de tus venas y para aliviar las molestias ocasionadas por las varices:

• **Ajo**: Conocido por sus potentes propiedades antiinflamatorias y descongestionantes, el ajo mejora la circulación y ayuda a prevenir la acumulación de placas de grasa en las venas. Para potenciar sus efectos, se recomienda consumir un diente de ajo en ayunas con un vaso de agua. También puedes integrarlo fácilmente a tus platos habituales, enriqueciendo tanto el sabor como el cuidado de tu sistema venoso.

• **Frutas y verduras que favorecen la circulación**: Aumenta la ingesta de alimentos que mejoran el flujo sanguíneo, como piña, moras, cerezas, fresas, arándanos, duraznos, sandía, apio y zanahoria. Estas opciones no solo son deliciosas, sino que también actúan como aliadas en el refuerzo de tu salud vascular.

• **Fuentes de vitamina C**: Las frutas ricas en vitamina C como naranjas, limones, pomelos, kiwis, guayabas, mangos y papayas ayudan a fortalecer las venas y capilares, evitando la acumulación de grasa en la sangre y favoreciendo una mejor circulación. También puedes obtener vitamina C en vegetales como pimientos, tomates, coles de Bruselas y perejil. Sin embargo, si padeces hemorroides, consume los cítricos con moderación, ya que en exceso podrían causar irritación.

• **Alimentos ricos en antioxidantes**: Los antioxidantes son esenciales para prevenir la degradación y debilidad de las paredes venosas. Algunas excelentes opciones incluyen aguacates, uvas, frambuesas, tomates, cebollas, espinacas y coles.

• **Fuentes de potasio**: Los alimentos altos en potasio, como plátanos, aguacates y levadura de cerveza, ayudan a eliminar el exceso de líquidos en el cuerpo, contribuyendo a reducir la inflamación y evitar la formación de edemas asociados con las varices.

• **Cúrcuma**: La cúrcuma es una especia con propiedades antiinflamatorias y anticoagulantes que favorecen la fluidez de la sangre. Añádela a tus comidas para disfrutar de sus múltiples beneficios de forma natural.

• **Cebolla**: Ideal para prevenir la formación de coágulos en las venas y arterias, la cebolla es un alimento estrella para quienes sufren de varices. Disfrútala cruda, hervida o asada, adaptándola a tus recetas favoritas.

Otros remedios para uso tópico

Cuidar tus piernas desde el exterior puede ser igual de importante que hacerlo desde el interior. Aquí encontrarás remedios naturales fáciles de preparar, diseñados para estimular la circulación, aliviar la hinchazón y reducir las molestias causadas por las varices:

Aloe vera con vinagre de manzana

Combina las propiedades calmantes del aloe vera con los beneficios estimulantes del vinagre de manzana. Licúa la pulpa fresca de aloe vera junto con vinagre de manzana para obtener una mezcla homogénea. Aplícala sobre las piernas en suaves masajes circulares ascendentes, favoreciendo el retorno venoso. Después del masaje, mantén las piernas elevadas mientras la mezcla actúa sobre tu piel. Repite este proceso una vez al día para notar alivio.

Compresas de vinagre de manzana

Elevar las piernas es clave para activar tu circulación. Humedece un paño con vinagre de manzana y colócalo sobre las zonas afectadas, evitando ejercer presión en los vasos inflamados. Este remedio ayuda a desinflamar y alivia la sensación de pesadez en las piernas.

Aloe vera, vinagre de manzana y zanahoria

Prepara una poderosa pasta con el gel del aloe vera, tres cucharadas de vinagre de manzana y una zanahoria. Utiliza una licuadora para obtener una mezcla uniforme. Luego, aplica la pasta directamente sobre las varices y déjala actuar durante 30 minutos. Una vez cumplido el tiempo, enjuaga tus piernas con abundante agua fresca. Este remedio combina la acción regeneradora del aloe con las propiedades revitalizantes del vinagre y los antioxidantes de la zanahoria.

Baños de inmersión relajantes

Si buscas un alivio inmediato, opta por sumergir tus piernas. Llena un cubo con agua tibia, añade una taza de vinagre de manzana y una cucharada de sal marina. Sumerge tus piernas durante 20 minutos, permitiendo que esta solución alivie la pesadez y reduzca la inflamación.

Incluir estos remedios como parte de tu rutina diaria puede marcar una gran diferencia en la salud de tus piernas. ¡Dale a tu cuerpo ese cuidado extra que se merece!

Alimentos y bebidas recomendados

Si padeces de varices o problemas de circulación, es fundamental cuidar lo que consumes. A continuación, encontrarás una selección de alimentos y bebidas especialmente beneficiosos para mejorar la salud de tus venas, fortalecerlas y estimular una circulación más eficiente.

- **Alimentos ricos en fibra**: En primer lugar, es recomendable incluir alimentos ricos en fibra en la dieta. La fibra ayuda a prevenir el estreñimiento, lo cual puede ejercer presión adicional en las venas y empeorar las varices. Alimentos como las frutas, verduras, legumbres, granos integrales y frutos secos son excelentes fuentes de fibra. Además, la fibra promueve una digestión saludable y ayuda a mantener un peso adecuado, lo cual es importante para reducir la presión en las venas.

- **Alimentos ricos en antioxidantes**: También se recomienda consumir alimentos ricos en antioxidantes, ya que pueden ayudar a fortalecer los vasos sanguíneos y reducir la inflamación. Los antioxidantes se encuentran en abundancia en frutas y verduras de colores brillantes, como las bayas, las uvas, los cítricos, las espinacas y los tomates. Estos alimentos también son ricos en vitamina C, que es esencial para la formación de colágeno y el mantenimiento de la estructura de los vasos sanguíneos.

• **Alimentos ricos en vitamina E**: Los alimentos ricos en vitamina E también son beneficiosos para la salud vascular. La vitamina E actúa como un antioxidante y ayuda a prevenir la formación de coágulos sanguíneos. Fuentes naturales de vitamina E incluyen alimentos como las nueces, las semillas, el aguacate y el aceite de oliva.

• **Alimentos ricos en omega-3**: Además, se debe incluir en la dieta alimentos ricos en ácidos grasos omega-3. Estos ácidos grasos tienen propiedades antiinflamatorias y pueden ayudar a mejorar la circulación sanguínea. Los pescados grasos, como el salmón, el atún y las sardinas, son excelentes fuentes de omega-3. También se pueden encontrar en semillas de chía, nueces y aceite de linaza.

• **Alimentos ricos en flavonoides**: El consumo de alimentos ricos en flavonoides también puede ser beneficioso para las varices. Los flavonoides son compuestos vegetales que ayudan a fortalecer los vasos sanguíneos y mejorar la circulación. Algunos alimentos ricos en flavonoides incluyen bayas, cítricos, infusión verde, cacao, cebolla y ajo.

• **Hidratación adecuada**: En cuanto a las bebidas, es importante mantenerse hidratado y beber suficiente agua durante todo el día. La hidratación adecuada ayuda a mantener una buena circulación sanguínea y a prevenir la retención de líquidos. Además, se pueden incluir infusiones de hierbas como la infusión de manzanilla, infusión de menta o infusión de hamamelis, que tienen propiedades antiinflamatorias y pueden ayudar a aliviar los síntomas de las varices.

Alimentos y bebidas a reducir o evitar

Cuando se sufren de varices, ciertos alimentos y bebidas pueden agravar los síntomas y aumentar el malestar. Aunque la dieta no es una cura definitiva, desempeña un papel clave en el manejo y la prevención del empeoramiento de esta condición. Evitar o moderar el consumo de estos productos puede ayudar a reducir la inflamación, mejorar la circulación y aliviar las molestias asociadas. ¡Tu cuerpo te lo agradecerá!

- **Alimentos procesados**: En primer lugar, es recomendable evitar los alimentos ricos en sodio. El exceso de sodio puede contribuir a la retención de líquidos y a la hinchazón, lo cual puede empeorar la apariencia y los síntomas de las varices. Por lo tanto, se debe reducir la ingesta de alimentos procesados, como los embutidos, las comidas rápidas y las sopas enlatadas, que suelen ser altos en sodio.

- **Grasas saturadas**: Asimismo, se debe limitar el consumo de alimentos ricos en grasas saturadas y trans. Estas grasas pueden obstruir las arterias y dificultar la circulación sanguínea, lo cual puede aumentar la presión en las venas y empeorar las varices. Se deben evitar alimentos fritos, alimentos procesados ricos en grasas y productos lácteos enteros.

- **Azúcares refinados y carbohidratos simples**: Otro grupo de alimentos que se deben limitar son aquellos que contienen azúcares refinados y altos niveles de carbohidratos simples. Estos alimentos pueden elevar los niveles de azúcar en la sangre y contribuir a la inflamación y el daño en las paredes de los vasos sanguíneos. Se debe reducir el consumo de dulces, pasteles, galletas, refrescos y jugos azucarados.

- **Alcohol**: El consumo excesivo de alcohol también se debe evitar. El alcohol puede dilatar los vasos sanguíneos y aumentar la presión en las venas, lo cual puede empeorar los síntomas y la apariencia de las varices. Además, el alcohol puede deshidratar el cuerpo y dificultar la circulación sanguínea.

- **Cafeína**: En cuanto a las bebidas, se debe moderar el consumo de café y té, ya que contienen cafeína. La cafeína puede actuar como un vasoconstrictor y estrechar los vasos sanguíneos, lo cual puede dificultar la circulación sanguínea y empeorar los síntomas. Se recomienda optar por alternativas como las infusiones de hierbas o agua.

Claves alimenticias para tu salud venosa

Además de incluir alimentos específicos que favorecen la salud de tus venas, existen hábitos y elecciones alimenticias que pueden marcar una gran diferencia en el manejo de las varices. Estas recomendaciones no solo ayudarán a mejorar la circulación y reducir la inflamación, sino que también contribuirán a mantener un estilo de vida más saludable en general. Presta atención a estos consejos para potenciar los beneficios de tu dieta y sentirte mejor cada día.

- **Consumo de fibra**: La fibra es esencial para favorecer una buena circulación y prevenir el estreñimiento, que puede agravar los síntomas de las varices. Incorpora a tu dieta alimentos ricos en fibra como frutas, verduras, legumbres, cereales integrales y frutos secos. Estos aportan beneficios significativos tanto para tu aparato digestivo como para la salud vascular.

- **Antioxidantes**: Los antioxidantes son clave para reducir la inflamación y el daño oxidativo en los vasos sanguíneos. Opta por frutas y verduras de colores vivos como arándanos, fresas, naranjas, espinacas y brócoli. Una dieta rica en anti-oxidantes contribuye a mantener tus venas en buen estado.

- **Ácidos grasos omega-3**: Estos ácidos grasos poseen propiedades antiinflamatorias que favorecen la salud cardio-vascular y circulatoria. Encuéntralos en pescados grasos como el salmón, la caballa y las sardinas, así como en semillas de chía, nueces y aceite de oliva.

- **Vitamina C**: Fundamental para la síntesis de colágeno, la vitamina C ayuda a conservar la elasticidad de los vasos sanguíneos. Disfruta de alimentos como cítricos, kiwis, fresas, pimientos y tomates para optimizar su consumo.

• **Hidratación adecuada**: Mantenerse bien hidratada/o es crucial para mejorar la fluidez sanguínea y evitar el estreñimiento. Bebe al menos 8 vasos de agua al día y limita bebidas diuréticas como el café y el alcohol, que pueden causar deshidratación. Durante climas cálidos o al practicar deportes, incrementa tu ingesta de agua para asegurar un buen equilibrio.

• **Reducir el consumo de sal**: Un exceso de sal favorece la retención de líquidos y empeora la hinchazón en las extremidades inferiores. Limita los alimentos procesados y evita añadir sal extra a las comidas. Opta por hierbas y especias para dar sabor.

• **Evita alimentos inflamatorios**: Minimiza tu consumo de alimentos ultraprocesados, fritos, ricos en grasas saturadas, azúcares y harinas refinadas, ya que promueven la inflamación general y pueden intensificar los síntomas. Prioriza alimentos naturales y frescos.

• **Temperatura**: Evita consumir comidas y bebidas extremadamente frías o calientes. Opta por productos a temperatura ambiente para evitar efectos adversos en la circulación.

• **Porciones moderadas**: En lugar de grandes comidas, opta por repartir tus alimentos en 4 o 5 comidas pequeñas durante el día. Esto favorece una digestión más fácil y evita presión sobre el sistema circulatorio.

• **Aceite en la cocina**: No reutilices el aceite al cocinar, ya que con cada uso se generan sustancias nocivas que pueden impactar negativamente en tu salud vascular. Utiliza siempre aceite fresco, preferiblemente de oliva.

Formas de cocinar y salud

Cocinar de manera saludable es esencial para todas las personas pero adquiere una mayor importancia a partir de los 40 años. A continuación, se presentan diversas técnicas de cocina, junto con sus beneficios y riesgos para la salud:

Formas más saludables de cocinar

• **Vapor**: El método de cocción al vapor es una excelente opción para preservar los nutrientes de los alimentos, ya que no se utilizan grasas adicionales. El vapor ayuda a mantener los alimentos tiernos y jugosos, y es una forma suave de cocinar que no contribuye a la formación de compuestos dañinos.

• **Asado al horno**: El asado al horno es una forma saludable de cocinar, ya que no requiere el uso de aceites añadidos. Puedes asar una variedad de alimentos, como verduras, pescado y pollo, para obtener una comida nutritiva y sabrosa.

• **Salteado ligero**: El salteado ligero implica cocinar los alimentos rápidamente a fuego alto con un poco de aceite saludable, como el aceite de oliva virgen extra de primera presión en frío. Esta técnica permite que los alimentos se cocinen rápidamente, conservando la textura y los nutrientes.

• **Hervido**: El hervido es una forma saludable de cocinar, especialmente para las verduras. Al hervir las verduras, se conservan los nutrientes y se obtiene una textura tierna. Es importante no cocinar en exceso para evitar la pérdida de nutrientes.

• **Horneado**: El horneado es una excelente forma de cocinar alimentos sin la necesidad de añadir aceites adicionales. Puedes hornear pescado, aves, vegetales y granos enteros para obtener platos saludables y deliciosos.

Formas menos saludables de cocinar

• **Fritura**: La fritura implica sumergir los alimentos en aceite caliente, lo cual aumenta la cantidad de grasas saturadas y calorías. Además, la fritura a altas temperaturas genera compuestos dañinos para la salud.

• **Empanado y rebozado**: El empanado y rebozado de alimentos aumenta la cantidad de calorías y grasas en un plato. Los alimentos empanados suelen absorber más aceite durante la cocción, lo que resulta en una comida menos saludable.

• **Salsas y aderezos cremosos**: Las salsas y aderezos cremosos a menudo contienen altas cantidades de grasas saturadas y calorías adicionales. Estas salsas pueden aumentar la inflamación y empeorar los dolores.

• **Parrilla a altas temperaturas**: Cocinar los alimentos a altas temperaturas en la parrilla puede generar compuestos dañinos, como hidrocarburos aromáticos policíclicos y aminas heterocíclicas, que se han relacionado con un mayor riesgo de cáncer. Además, la carne a la parrilla suele generar compuestos inflamatorios.

Recuerda que la forma en que cocines los alimentos puede tener un impacto en su valor nutricional y en cómo afectan a tu cuerpo. Es importante elegir métodos de cocción saludables para maximizar los beneficios de los alimentos y reducir los posibles efectos negativos.

Apoyo para las varices: Recetas fáciles y deliciosas

Descubre una selección de recetas sencillas, rápidas y llenas de sabor, especialmente diseñadas para apoyar la salud de tus venas y mejorar la circulación. ¡Cuidarte nunca fue tan delicioso!

Desayunos

1. Batido de frutas y vegetales: Mezcla una taza de espinacas, medio plátano, media taza de arándanos, una cucharada de semillas de chía y agua. Licúa todo hasta obtener una textura suave y disfruta.

2. Tostadas de aguacate: Unta aguacate fresco sobre una

rebanada de pan integral. Puedes agregar tomate, pepino o huevo duro para darle más sabor y nutrientes.

3. Yogur con granola y frutas: Combina yogur natural bajo en grasa con tu granola favorita y añade algunas frutas frescas, como fresas o arándanos.

4. Avena con frutas: Prepara un tazón de avena cocida y añade rodajas de plátano, arándanos o cualquier otra fruta de tu elección. Puedes agregar una cucharada de semillas de lino o chía para obtener fibra adicional.

5. Tortilla de claras de huevo con espinacas: Mezcla claras de huevo con espinacas picadas y cocina a fuego medio hasta que cuaje. Acompaña con una rebanada de pan integral o una tortilla de maíz.

6. Panqueques de avena y plátano: Mezcla avena molida, plátano maduro, claras de huevo y canela en polvo. Cocina la mezcla en una sartén antiadherente hasta que estén dorados por ambos lados.

7. Tostadas de centeno con aguacate y salmón: Tuesta rebanadas de pan de centeno y úntalas con aguacate machacado. Agrega algunas lonchas de salmón ahumado y un poco de jugo de limón para darle un toque de frescura.

8. Batido de remolacha y frutos rojos: Mezcla remolacha cocida, frutos rojos como fresas y frambuesas, yogur natural y un chorrito de jugo de naranja. Licúa todo hasta obtener una consistencia suave y disfruta.

9. Tortilla de espinacas y queso feta: Bate huevos con espinacas picadas y queso feta desmenuzado. Cocina la mezcla en una sartén antiadherente hasta que se cuaje. Acompaña con una ensalada fresca.

Almuerzos

1. Ensalada de espinacas y salmón: Combina espinacas

frescas con trozos de salmón a la parrilla. Agrega rodajas de pepino, tomate cherry y semillas de girasol. Aliña con aceite de oliva y jugo de limón.

2. Quinoa con verduras asadas: Cocina quinoa según las instrucciones del paquete y déjala enfriar. Mezcla la quinoa con verduras asadas como zanahorias, calabacines y pimientos. Aliña con vinagreta de limón.

3. Pechuga de pollo a la plancha con ensalada de aguacate: Cocina una pechuga de pollo a la plancha y sírvela con una ensalada de aguacate, tomate, pepino y hojas verdes. Puedes aliñarla con una vinagreta ligera.

4. Wraps de vegetales y hummus: Rellena tortillas de trigo integral con hummus, espinacas, pepino, tomate y pimientos asados. Envuelve los ingredientes y disfruta de un almuerzo rápido y nutritivo.

5. Sopa de lentejas y verduras: Cocina lentejas con caldo de verduras y añade zanahorias, apio, cebolla y espinacas. Condimenta con hierbas y especias al gusto. Sirve caliente y acompaña con una rebanada de pan integral.

6. Ensalada de garbanzos y aguacate: Combina garbanzos cocidos, aguacate en cubitos, tomate cherry, cebolla roja y cilantro fresco. Aliña con aceite de oliva, jugo de limón y sal. Puedes añadir hojas verdes para una ensalada más abundante.

7. Salmón al horno con espárragos: Coloca filetes de salmón en una bandeja para hornear y añade espárragos frescos. Rocía con aceite de oliva, jugo de limón, sal y pimienta. Hornea a 180°C hasta que el salmón esté cocido y los espárragos estén tiernos.

8. Ensalada de quinoa con pollo a la parrilla: Mezcla quinoa cocida con trozos de pechuga de pollo a la parrilla. Agrega espinacas, tomate, pepino, aguacate y aceitunas. Aliña con una vinagreta de limón y hierbas frescas.

9. Stir-fry de vegetales con tofu: Saltea una variedad de vegetales como brócoli, zanahorias, pimientos y champiñones en una sartén con aceite de oliva. Agrega cubos de tofu y condimenta con salsa de soja baja en sodio.

10. Ensalada de garbanzos y atún: Combina garbanzos cocidos, atún enlatado, tomate, pepino, cebolla morada y aceitunas en una ensaladera. Aliña con aceite de oliva, vinagre balsámico, sal y pimienta.

11. Sopa de verduras con quinoa: Cocina una variedad de verduras como zanahorias, calabacines, pimientos y espinacas en caldo de verduras. Agrega quinoa cocida y sazona con hierbas y especias al gusto.

12. Ensalada de pollo y aguacate: Combina trozos de pollo cocido, aguacate, tomate, lechuga, maíz y cilantro en una ensaladera. Aliña con una mezcla de yogur griego, jugo de limón, ajo picado, sal y pimienta.

13. Ensalada de garbanzos con aguacate y huevo: Combina garbanzos cocidos, aguacate en cubitos, huevo duro picado, tomate cherry y hojas verdes. Aliña con una vinagreta de mostaza y miel.

14. Rollitos de lechuga con pollo y verduras: Rellena hojas de lechuga con pollo cocido desmenuzado, zanahorias ralladas, pepino en juliana y tiras de pimientos. Puedes agregar salsa de yogur o hummus para darle más sabor.

15. Pescado al horno con vegetales al vapor: Coloca filetes de pescado, como tilapia o merluza, en una bandeja para hornear. Acompaña con una variedad de vegetales como brócoli, zanahorias y calabacines al vapor. Rocía con jugo de limón y hierbas frescas antes de hornear.

16. Ensalada de pollo con nueces y uvas: Combina pollo cocido en trozos, nueces picadas, uvas cortadas por la mitad, apio en rodajas y hojas verdes. Aliña con una vinagreta de mostaza y miel.

17. Sopa de tomate y lentejas rojas: Cocina lentejas rojas con caldo de verduras y añade tomates triturados, zanahorias, cebolla y especias como comino y pimentón dulce. Sirve caliente y acompaña con una rebanada de pan integral.

18. Ensalada de quinoa con falafel: Mezcla quinoa cocida con falafel horneado, pepino, tomate, cebolla roja y hojas verdes. Aliña con una vinagreta de limón y hierbas frescas.

Meriendas

1. Palitos de zanahoria y hummus: Corta zanahorias en palitos y acompáñalas con hummus casero o comprado en tiendas. El hummus es rico en fibra y proteínas.

2. Rodajas de manzana con mantequilla de almendra: Corta una manzana en rodajas y unta mantequilla de almendra en cada una. Las almendras contienen vitamina E, que puede ayudar a mejorar la salud de los vasos sanguíneos.

3. Rollitos de jamón y espinacas: Envuelve lonchas de jamón magro alrededor de hojas de espinacas frescas. Esta merienda es baja en calorías y rica en hierro y vitamina C.

4. Smoothie de bayas: Mezcla bayas congeladas (fresas, frambuesas, arándanos) con yogur bajo en grasa o leche vegetal. Puedes agregar una cucharada de nueces o semillas para obtener un impulso adicional de nutrientes.

5. Rodajas de pepino con yogur griego: Corta pepinos en rodajas y sírvelos con una porción de yogur griego sin azúcar. El pepino contiene agua y fibra, lo cual puede ayudar a la circulación sanguínea.

6. Barritas de nueces y frutas secas: Mezcla nueces picadas, frutas secas como dátiles o ciruelas secas, semillas de girasol y coco rallado. Forma pequeñas barritas y refrigéralas. Son una opción práctica y nutritiva para llevar.

7. Rollitos de pavo y aguacate: Toma lonchas de pavo bajo en sodio y coloca una cucharada de aguacate en cada una. Enróllalas y asegúralas con un palillo. Son una opción rápida y baja en grasas para disfrutar entre comidas.

8. Chips de kale al horno: Corta hojas de kale en trozos, rocíalas con aceite de oliva y sazónalas con sal y pimienta. Hornea a baja temperatura hasta que estén crujientes.

9. Batido verde: Mezcla espinacas, piña, plátano, un puñado de hojas de menta y un poco de agua. Licúa todo hasta obtener una mezcla suave y refrescante. Puedes agregar un poco de jengibre para darle un toque extra de sabor.

Cenas

1. Ensalada de espinacas y salmón: Combina espinacas frescas con salmón a la parrilla, agrega nueces, semillas de chía y aderezo de vinagreta de limón para obtener una comida nutritiva y rica en ácidos grasos omega-3.

2. Pollo a la parrilla con vegetales al vapor: Cocina pechugas de pollo a la parrilla y sírvelas con una variedad de vegetales al vapor, como brócoli, zanahorias y calabacín. Puedes condimentar con hierbas y especias para darle sabor.

3. Quinoa con verduras salteadas: Cocina la quinoa y mézclala con una variedad de verduras salteadas, como pimientos, cebolla, champiñones y espinacas. Agrega un poco de aceite de oliva y jugo de limón para realzar el sabor.

4. Sopa de lentejas: Prepara una deliciosa sopa de lentejas con vegetales como zanahorias, apio y tomates. Las lentejas son ricas en fibra y proteínas, y pueden ayudar a promover una buena circulación sanguínea.

5. Pescado al horno con espárragos: Hornea filetes de pescado, como salmón o trucha, junto con espárragos frescos. Rocía con limón, ajo y aceite de oliva para obtener un plato sabroso y nutritivo.

6. Ensalada de remolacha y naranja: Combina remolacha rallada, rodajas de naranja, hojas de espinacas y nueces. Aliña con un aderezo ligero a base de vinagre balsámico y aceite de oliva.

7. Tacos de pavo con aguacate: Cocina pechugas de pavo a la plancha y córtalas en tiras delgadas. Rellena tortillas de trigo integral con el pavo, agrega rodajas de aguacate, tomate y cilantro. Puedes acompañarlos con salsa de yogur bajo en grasa.

8. Berenjenas rellenas de quinoa y vegetales: Corta las berenjenas por la mitad y retira parte de la pulpa. Rellena con una mezcla de quinoa cocida, vegetales picados como pimientos y cebolla, y queso bajo en grasa. Hornea hasta que estén tiernas y doradas.

9. Sopa de calabaza: Cuece la calabaza en trozos con caldo de verduras, cebolla y ajo. Una vez cocida, licúa hasta obtener una textura suave. Puedes agregar especias como nuez moscada y canela para realzar el sabor.

10. Pechugas de pollo al limón con espárragos: Cocina pechugas de pollo a la plancha con jugo de limón, ajo y hierbas frescas. Acompaña con espárragos al vapor o asados para tener una cena ligera y nutritiva.

11. Salmón al horno con vegetales asados: Coloca filetes de salmón en una bandeja para hornear y añade una mezcla de vegetales como zanahorias, calabacines, tomates cherry y pimientos. Rocía con aceite de oliva, hierbas y especias, y hornea hasta que el salmón esté tierno y los vegetales estén dorados.

12. Ensalada de garbanzos: Combina garbanzos cocidos con pepino, tomate, cebolla roja y aceitunas negras en rodajas. Aliña con jugo de limón, aceite de oliva y hierbas frescas como perejil o cilantro. Puedes agregar queso feta bajo en grasa si lo deseas.

13. Pavo al curry con arroz integral: Saltea pechugas de pavo en trozos con cebolla, ajo y especias de curry. Añade leche de coco y deja que se cocine a fuego lento hasta que la carne esté tierna. Sirve sobre arroz integral cocido.

14. Ensalada de quinoa y aguacate: Mezcla quinoa cocida con aguacate en cubos, tomate cherry, pepino, cilantro y jugo de limón. Aliña con aceite de oliva, sal y pimienta al gusto. Esta ensalada es rica en fibra y grasas saludables.

15. Rollitos de lechuga con pollo teriyaki: Cocina pechugas de pollo en tiras con salsa teriyaki baja en sodio. Envuelve las tiras de pollo en hojas de lechuga y añade zanahoria rallada, cebolla verde y cilantro. Sirve con salsa de soja baja en sodio para mojar.

16. Pimientos rellenos de quinoa y verduras: Corta los pimientos por la mitad y retira las semillas. Rellena con una mezcla de quinoa cocida, vegetales picados como calabacín, espinacas y champiñones, y queso bajo en grasa. Hornea hasta que los pimientos estén tiernos y el queso se derrita.

17. Sopa de brócoli y queso: Cocina brócoli en trozos con caldo de verduras, cebolla y ajo hasta que esté tierno. Luego, licúa la mezcla hasta obtener una textura suave. Agrega queso cheddar bajo en grasa y revuelve hasta que se derrita. Condimenta al gusto y sirve caliente.

18. Ensalada de salmón ahumado y aguacate: Combina hojas de lechuga, espinacas, salmón ahumado en tiras, aguacate en cubos y rodajas de pepino. Aliña con una vinagreta ligera de limón y mostaza.

19. Pollo al horno con vegetales en papillote: Coloca pechugas de pollo en una hoja de papel de aluminio o papel para horno. Añade vegetales como zanahorias, calabacines y pimientos. Condimenta con hierbas, especias y un chorrito de aceite de oliva. Cierra el papel formando un paquete y hornea hasta que el pollo esté cocido y los vegetales estén tiernos.

20. Tacos de pescado con salsa de yogur: Marina filetes de pescado blanco en jugo de limón, ajo y especias. Cocina a la parrilla o al horno hasta que estén tiernos. Luego, coloca los filetes en tortillas de maíz y añade salsa de yogur con limón, cilantro y pepino picado.

ZUMOS Y JUGOS

Los alimentos crudos, también llamados alimentos 'vivos', son una fuente excepcional de vitaminas, minerales, fibra, oligoelementos, enzimas y otros compuestos beneficiosos que protegen nuestra salud. Incorporarlos en la rutina alimentaria no solo ayuda a prevenir enfermedades, sino que también mejora síntomas asociados con diversos trastornos, retrasa el envejecimiento, regula la flora intestinal y aporta energía y vitalidad.

Además de consumir ensaladas, frutas enteras y frutos secos, una de las formas más sencillas y cómodas de garantizar este aporte diario es mediante la preparación de zumos, batidos y jugos caseros. Estas bebidas son una alternativa ideal para quienes no disfrutan de consumir frutas y verduras directamente, ofreciendo una manera deliciosa y nutritiva de integrar estos alimentos esenciales. En un mundo dominado por alimentos ultraprocesados y toxinas, necesitamos más que nunca buenos nutrientes que favorezcan la desintoxicación del organismo y mantengan la salud en equilibrio.

Una práctica común entre muchas personas es utilizar solo frutas para preparar sus zumos y batidos, pasando por alto las extraordinarias propiedades de las verduras y hortalizas. Incorporarlas no solo aporta variedad y mayor valor nutricional, sino que también potencia los beneficios de estas preparaciones, que destacan por sus capacidades antioxidantes, remineralizantes, tonificantes y alcalinizantes. Estas cualidades ayudan a equilibrar el organismo, rejuvenecer las células y mejorar el bienestar general. Además, incluir verduras y hortalizas permite reducir el índice glucémico, aumentar la sensación de saciedad y optimizar los beneficios para la salud.

Es importante destacar que la mayoría de los zumos disponibles en supermercados y tiendas están lejos de ser opciones saludables. Normalmente, estos productos industriales contienen cantidades excesivas de azúcares añadidos, edulcorantes, conservantes y otros aditivos químicos que resultan perjudiciales. Por otro lado, los procesos de pasteurización eliminan gran parte de las vitaminas y enzimas esenciales, y muchas carecen de fibra debido a su alto nivel de refinamiento. En muchos casos, contienen muy poca fruta real, convirtiéndose así en productos altamente procesados y carentes de valor nutricional.

Otro aspecto preocupante es su elevado índice glucémico, capaz de provocar picos de azúcar en la sangre, favorecer el aumento de peso y generar alteraciones metabólicas a largo plazo. Por estas razones, la mejor manera de disfrutar de zumos y batidos saludables es elaborarlos en casa, empleando ingredientes frescos, naturales y de calidad, garantizando así una bebida rica en nutrientes y beneficios reales para nuestro cuerpo.

Para mantener un cuerpo sano y lleno de energía, incorporar la ingesta diaria de zumos frescos de frutas, verduras y hortalizas es una práctica ideal. La amplia variedad de combinaciones posibles no solo proporciona sabor y frescura, sino que también ofrece ventajas específicas para afecciones como la artritis, gracias a nutrientes clave que favorecen el bienestar integral. Convertir esta costumbre en un hábito cotidiano puede transformar tu salud, revitalizarte y mejorar tu calidad de vida. ¡Atrévete a probarlo y siente la diferencia!

Zumos y jugos: Descubre su poder

Incorporar licuados o batidos en tu dieta puede ser una decisión excelente para tu salud. A continuación, se destacan algunos de sus beneficios más relevantes:

• **Cumplimiento de la ingesta recomendada de frutas y verduras**: Los licuados y batidos son una forma práctica y deliciosa de alcanzar las 5 raciones diarias recomendadas de frutas y verduras, asegurando una amplia gama de nutrientes esenciales para nuestro cuerpo.

• **Fácil asimilación y digestión**: Al estar en forma líquida, se digieren con mayor facilidad y permiten la rápida absorción de nutrientes, siendo ideales para personas con sensibilidad o problemas digestivos.

• **Complemento vitamínico y mineral**: Elaborados con frutas y verduras frescas, los licuados y batidos son una excelente fuente de vitaminas y minerales esenciales para el funcionamiento óptimo de nuestro organismo.

• **Depuración y desintoxicación del organismo**: Ingredientes como hojas verdes y antioxidantes naturales favorecen la eliminación de toxinas, promoviendo la salud celular y una limpieza interna efectiva.

• **Equilibrio del pH corporal**: Gracias a alimentos alcalinos, los licuados y batidos ayudan a estabilizar el pH del cuerpo, contribuyendo a prevenir enfermedades y fomentar el bienestar.

• **Reducción de la inflamación**: Ingredientes con propiedades antiinflamatorias como el jengibre, la cúrcuma o las hojas verdes ayudan a combatir la inflamación y cuidar de nuestro bienestar general.

• **Sustitución de una comida completa**: Combinar grasas saludables, proteínas y carbohidratos complejos convierte a los batidos en una opción equilibrada y nutritiva para reemplazar una comida completa, promoviendo saciedad y energía sostenida.

• **Mantenimiento del peso ideal**: Su bajo contenido calórico y alta concentración de nutrientes favorecen una alimentación equilibrada, ayudándote a controlar el apetito y alcanzar tu peso ideal.

• **Mejora la salud y belleza de la piel**: Vitaminas como la A y la C contenidas en los ingredientes frescos contribuyen a una piel radiante, saludable y bien hidratada.

• **Retraso del envejecimiento celular**: Los antioxidantes presentes en los ingredientes combaten el daño oxidativo, ayudando a preservar una apariencia más juvenil y protegiendo las células de nuestro cuerpo.

• **Aporte de energía y vitalidad**: Los licuados y batidos pueden incluir superalimentos que otorgan un impulso de energía duradero, manteniéndote activo y revitalizado durante todo el día.

En conclusión, los licuados y batidos son una opción nutritiva, práctica y versátil para incorporar en tu alimentación. Además de facilitar el consumo diario de frutas y verduras, ofrecen una variedad de beneficios para tu salud y bienestar general, todo ello de una manera deliciosa y fácil de disfrutar.

Diferencias entre los zumos caseros y los comerciales

Hoy en día, resulta complicado distinguir qué alimentos realmente benefician nuestra salud. La variedad en los supermercados es abrumadora, con estantes repletos de opciones atractivas y envases llamativos que prometen ser naturales y saludables. A menudo, la publicidad y el diseño captan nuestra atención, pero ¿estamos comprando auténticas bebidas naturales a base de frutas y/o verduras? ¿Sabes cuáles son las principales diferencias entre un preparado casero y las opciones industriales? ¿Es verdad que los productos envasados son tan nutritivos como aparentan? Si dedicas unos minutos a leer detenidamente sus ingredientes y analizar su composición, podrías llevarte más de una sorpresa.

Hace algunos años, se establecieron regulaciones internacionales para definir los estándares que cada bebida a base de frutas debe cumplir, especificando las características precisas de cada tipo de producto. En las próximas líneas, exploraremos estos aspectos y aclararemos las diferencias esenciales.

• **Zumo de fruta**
Esta bebida se elabora a partir de frutas frescas, refrigeradas o

congeladas, sin pasar por procesos de fermentación. Puede incluir la pulpa de la fruta extraída por separado y, en algunos casos, estar compuesta por una mezcla de varias frutas. En su etiqueta debe especificarse la composición en orden decreciente, incluyendo el porcentaje de cada una.

A menudo se somete a tratamientos de esterilización o pasteurización para prolongar su vida útil y evitar la necesidad de refrigeración. Sin embargo, este proceso conlleva una pérdida significativa de nutrientes esenciales, como vitaminas y enzimas. Además, carece de la fibra natural presente en las frutas enteras.

• Zumo a partir de concentrados

Se elabora reconstituyendo zumos concentrados mediante la mezcla con agua. Para obtener el concentrado, se extrae el jugo natural de la fruta mediante evaporación u otros procesos físicos. En este punto, pueden añadirse aromas o pulpa de frutas similares para recuperar parte del sabor.

Aunque es una opción extendida, durante su elaboración se pierden enzimas, la mayoría de las vitaminas, parte de los minerales y la fibra que caracteriza a la fruta natural.

• Zumo de fruta deshidratado o en polvo

En este caso, se elimina el agua de las frutas para obtener un producto seco en forma de polvo, que posteriormente puede rehidratarse añadiendo agua o comercializarse directamente en esta presentación. Este proceso también implica la pérdida de enzimas, vitaminas, minerales y fibra.

• Néctar de fruta

No corresponde a un zumo en sentido estricto, sino a una bebida preparada con concentrado de frutas, agua y azúcares o edulcorantes. Su perfil nutricional es bastante pobre en comparación con las frutas naturales, y habitualmente se le añaden aditivos para mejorar el sabor, el color o garantizar su conservación.

• Bebidas con zumo

Estas mezclas combinan diversas frutas, pero el porcentaje real de zumo es muy bajo. En su mayoría, estas bebidas carecen de los nutrientes naturales de la fruta, porque están compuestas principalmente de agua, aromas, colorantes y edulcorantes.

• **Bebidas de zumo con leche**

Aunque incluyen zumo de frutas, este generalmente proviene de concentrados y en cantidades mínimas. Se combinan con leche, agua, aromas y otros ingredientes. Estas bebidas no pueden calificarse como auténticos zumos, y las vitaminas presentes suelen añadirse artificialmente durante el proceso de elaboración para compensar la pérdida de nutrientes en los pasos previos.

• **Jugos de hortalizas y/o verduras**

Elaborados a través de procesos industriales, estos productos obtienen el líquido de verduras y hortalizas mediante métodos de extracción específicos. Pueden incluir adicionados de pulpa o purés de vegetales procesados, además de mezclas de diferentes variedades para crear perfiles más equilibrados o atractivos.

Por lo general, estos jugos están sometidos a tratamientos como la pasteurización o la esterilización, lo que extiende su vida útil y evita la necesidad de refrigeración. Sin embargo, estos procesos suelen reducir la concentración de nutrientes esenciales como vitaminas y fitonutrientes. También carecen de fibra natural, y en algunos casos se añaden conservantes, sal o potenciadores del sabor que alteran su valor nutricional.

• **Batidos comerciales**

Los batidos industriales mezclan frutas, hortalizas y/o verduras en forma de purés o concentrados con agua, leche, bebidas vegetales u otros líquidos. Su textura es más espesa que la de los jugos porque suelen incluir mayor proporción de pulpa o ingredientes ricos en fibra.

Para mejorar su aspecto, sabor y durabilidad, los batidos comerciales pueden contener azúcares añadidos, conservantes, colorantes y aromas que alteran la composición natural del producto. Además, suelen ser sometidos a procesos como la pasteurización o esterilización térmica para garantizar su conservación a temperatura ambiente. Esto también puede impactar los nutrientes originales, afectando su calidad nutricional.

Ventajas de los zumos y jugos caseros

Después de descubrir qué contienen realmente los preparados

comerciales, resulta evidente que prepararlos en casa tiene muchísimas ventajas. A continuación se presentan las principales:

• **Control total de los ingredientes**: Al preparar nuestros propios zumos, tenemos la certeza de los ingredientes que usamos. Sin aditivos innecesarios, sin conservantes y, sobre todo, sin sorpresas desagradables.

• **Variedad y creatividad**: Podemos elegir nuestras frutas y verduras favoritas, experimentar con combinaciones o aprovechar todo lo que esté de temporada. Esto no solo trae una explosión de sabores diferentes, sino también un aumento en los beneficios nutricionales.

• **Aroma y sabor auténtico**: Los zumos caseros destacan por mantener el aroma y sabor genuino de las frutas y verduras frescas. Nada se compara con disfrutar de un zumo recién hecho, lleno de frescura natural.

• **Retención máxima de nutrientes**: Vitaminas, minerales, enzimas naturales, antioxidantes y otros nutrientes permanecen intactos cuando preparamos los zumos en casa. Esto amplifica los beneficios para nuestra salud de forma significativa.

• **Productos de calidad**: Tenemos la libertad de escoger ingredientes frescos, de temporada y en su mejor punto de maduración. Esto garantiza no solo un sabor óptimo, sino también una calidad nutricional insuperable.

• **Ventajas de los alimentos de temporada**: Consumir frutas y verduras de temporada es una decisión sostenible, saludable y económica. Estas opciones suelen tener más sabor y valor nutricional, además de ser más accesibles para el bolsillo.

• **Personalización total**: Dependiendo del método que usemos (licuadora o batidora), podemos elegir entre un zumo más claro y ligero, o uno más consistente con mayor contenido de fibra. Esto permite adaptarlos a nuestras necesidades.

• **Una opción saludable para los más pequeños**: Los zumos caseros son una excelente forma de incluir frutas y verduras en la dieta de los niños, especialmente si no les gustan. Con creatividad en sabores y presentaciones, se pueden hacer irresistibles para ellos.

En resumen, preparar nuestros propios zumos ofrece muchas ventajas: mayor control sobre los ingredientes, conservación de los nutrientes y adaptación a nuestras preferencias. Además, es una manera sencilla y práctica de fomentar una alimentación saludable para toda la familia.

Posibles efectos adversos

Si padeces **gastritis, colitis, colon irritable, estreñimiento o SIBO**, es fundamental tomar ciertas precauciones al preparar tus licuados o batidos. Estas recomendaciones te permitirán disfrutar de sus beneficios sin agravar tus síntomas:

• **Utiliza una licuadora en lugar de una batidora**: En casos de patologías digestivas, es preferible optar por una licuadora para preparar tus zumos. Esto ayuda a eliminar gran parte de la fibra de los ingredientes, ofreciendo un líquido más suave para el sistema digestivo.

• **Modera la cantidad de fibra**: Aunque la fibra aporta múltiples beneficios, un consumo excesivo puede causar gases, hinchazón abdominal o estreñimiento, especialmente en personas con problemas digestivos. Por eso, es crucial controlar la cantidad de fibra en tus licuados, evitando ingredientes como pulpa de frutas, semillas y cereales integrales.

• **Introduce los zumos de forma gradual**: Si no estás seguro/a de cómo reaccionará tu cuerpo a los licuados y batidos, comienza con pequeñas cantidades. Esto te permitirá evaluar su impacto en tu digestión y ajustar las recetas según tu necesidad.

• **Consúmelos preferiblemente con el estómago vacío**: Para favorecer la asimilación de nutrientes y optimizar la digestión, lo ideal es tomar los zumos con el estómago vacío.

Esto reduce el riesgo de molestias digestivas y te permite aprovechar mejor sus beneficios.

• **Adapta las recetas según tus necesidades**: Cada organismo es único, y la forma en que reaccionamos a los alimentos puede variar. Por eso, escucha a tu cuerpo, ajusta tus combinaciones de ingredientes y elige aquellos que te sienten mejor.

El mejor momento para tomarlos

Existen varias formas de consumir zumos, dependiendo de tus objetivos y rutina diaria. Aquí se presentan tres opciones recomendadas:

• **Por la mañana, en ayunas**: Comienza tu día seleccionando una receta de zumo o jugo y consúmelo antes de ingerir cualquier otro alimento. Tomarlo en ayunas favorece una mejor absorción de los nutrientes y contribuye a estimular el sistema digestivo, preparándolo para el resto del día.

• **Con el estómago vacío, antes de las comidas**: Tomar un zumo o jugo unos 30 minutos antes de las comidas principales es ideal para aprovechar al máximo sus beneficios. Consumirlo con el estómago vacío mejora la digestión y la absorción de los nutrientes, ayudando a optimizar tu bienestar.

• **Ayuno a base de zumos**: Realizar un ayuno de varios días exclusivamente con zumos y jugos puede ayudarte a alcanzar objetivos de salud específicos o depurar el organismo. Selecciona entre 2 y 3 recetas variadas para garantizar una alimentación equilibrada y nutritiva durante el proceso, cuidando siempre las necesidades de tu cuerpo.

Consejos de preparación

Preparar zumos frescos es una manera sencilla y saludable de aprovechar al máximo los nutrientes presentes en frutas y verduras. Si deseas optimizar el proceso y garantizar seguridad, aquí tienes algunas recomendaciones:

• **Prioriza los ingredientes biocultivados**: Siempre que sea posible, selecciona frutas y verduras de origen biológico. Esto asegura un consumo libre de pesticidas y sustancias químicas dañinas, promoviendo una dieta más saludable.

• **Lava bien los ingredientes**: Lava cuidadosamente frutas y hortalizas para eliminar restos de tierra, microorganismos y pesticidas. Además, retira las zonas dañadas o con moho para evitar cualquier tipo de contaminación en el zumo.

• **Corta en trozos pequeños**: Facilita el trabajo de la licuadora cortando los ingredientes en piezas pequeñas. Esto garantiza una textura más homogénea y acelera el proceso de preparación.

• **Adapta ingredientes con bajo contenido de agua**: Frutas y verduras con poca agua, como plátanos y aguacates, suelen necesitar una mezcla previa. Prepara primero el líquido con ingredientes más jugosos y luego agrega las frutas más sólidas utilizando una batidora.

• **Pela ciertas frutas**: Es importante pelar frutas cítricas como naranjas y pomelos, ya que su piel contiene compuestos tóxicos. Sin embargo, deja la parte blanca (albedo), que es rica en nutrientes. También, frutas tropicales como papaya y kiwi deben pelarse al ser cultivadas en regiones con regulaciones menos estrictas sobre sustancias químicas.

• **Retira las pepitas**: Las pepitas de manzana contienen trazas de cianuro y deben eliminarse antes de preparar el zumo. Por el contrario, las semillas de uvas, melón, lima y limón no representan ningún riesgo y pueden incluirse para aprovechar sus propiedades.

• **Aprovecha los tallos y hojas**: En general, las hojas y tallos de los alimentos pueden ser incorporados al zumo, aportando nutrientes extras. Sin embargo, es esencial retirar las hojas de zanahoria y ruibarbo, ya que contienen compuestos tóxicos perjudiciales para la salud.

• **Consume el zumo recién preparado**: Para preservar al

máximo los nutrientes y evitar la oxidación, el zumo debe consumirse justo después de prepararlo. Así disfrutarás de todas sus propiedades intactas.

• **Retira hojas amargas de apio**: Las hojas de apio, cuando tienen un sabor amargo, pueden alterar el resultado final. Retíralas antes de incluir el tallo en el zumo para obtener un sabor más equilibrado y agradable.

Recomendaciones generales

Los licuados y batidos son una excelente alternativa saludable, pero para sacar el máximo provecho de ellos es fundamental tener en cuenta ciertos aspectos. A continuación, se comparten algunas recomendaciones clave:

• **Consumo moderado de frutas**: Las frutas son una fuente maravillosa de nutrientes, pero contienen fructosa, el azúcar natural presente en ellas. Consumirlas en exceso puede ser perjudicial para nuestra salud. Por eso, es importante mantener un equilibrio y moderar su consumo a lo largo del día. Además, se recomienda evitar su ingesta durante la noche, ya que el cuerpo podría metabolizarlas de manera menos eficiente.

• **Opta por frutas de temporada**: Las frutas de temporada suelen ser más nutritivas, tienen un sabor mucho más intenso y además son más económicas. Una opción perfecta para sacar el máximo beneficio.

• **Elige combinaciones adecuadas**: No todas las frutas se complementan bien entre sí. Antes de preparar tu licuado o batido, investiga cuáles son las combinaciones más compatibles para lograr un buen equilibrio de sabor y obtener los beneficios nutricionales deseados.

• **Cantidad moderada de ingredientes**: Los mejores licuados o batidos suelen ser los más simples. La sobrecarga de ingredientes o cantidades excesivas puede provocar gases o malestar digestivo. Sigue las recetas recomendadas y procura ser prudente con las cantidades.

• **Incluye hojas verdes o verduras**: Añadir hojas verdes como espinacas, col (kale) o incluso otras verduras como pepino es una excelente manera de reducir el índice glucémico de tu bebida y, al mismo tiempo, obtener un aporte extra de nutrientes esenciales para tu organismo.

• **Endulzantes naturales, pero con moderación**: Disfrutar el sabor natural de los ingredientes es ideal, pero si consideras necesario endulzar tu bebida, recurre a opciones naturales como la miel pura de abeja o la stevia 100% natural. Eso sí, emplea pequeñas cantidades para mantener los valores nutricionales en equilibrio.

• **Mastica incluso los líquidos**: Aunque los licuados son líquidos, tomarte un momento para "masticarlos" favorece la segregación de enzimas digestivas, ayudando a mejorar la absorción de nutrientes y evitando problemas como gases, inflamación o indigestión.

• **Conservación adecuada**: Los licuados y batidos son mejores recién preparados, pero si no puedes consumirlos de inmediato, guárdalos en un recipiente oscuro y hermético en el refrigerador. También puedes congelarlos en porciones individuales para consumirlos más adelante.

• **Hazlo divertido y personalizado**: Para hacer que los batidos sean más atractivos, especialmente para los niños, congélalos en moldes con formas divertidas. Así convertirás una bebida saludable en un momento entretenido y delicioso.

Al preparar y disfrutar de licuados o batidos, estas recomendaciones te ayudarán a sacarles el máximo provecho. Aunque las recetas incluidas en este libro han sido creadas para facilitar una correcta asimilación, no olvides que cada persona es única y algunas opciones podrían no ser ideales para todos. Experimenta con diferentes combinaciones y ajusta las recetas según tus necesidades, gustos y bienestar personal.

Recetas sugeridas

A continuación encontrarás una variada selección de zumos

naturales que ayudan a mejorar la circulación y la calidad de las paredes de las venas, ayudando a mejorar los síntomas de las varices y su aspecto.

• Zumo de higos, naranja, pomelo y limón.
Ingredientes: 2 higos, 1/2 naranja pequeña, 1/2 pomelo y 1/2 limón.
Preparación: Lava bien los higos. Pela la naranja, el pomelo y el limón, y quítales la parte blanca. Córtalos en trozos y agrégalos junto con los higos en la licuadora.

• Zumo de zanahoria y espinacas.
Ingredientes: 6 a 7 zanahorias y un manojo de espinacas.
Preparación: Limpia las zanahorias y córtalas en tiras de 5 a 7 centímetros de longitud. Pasa los ingredientes por la licuadora, empezando y terminando con la zanahoria. Tómalo 2 ó 3 veces al día.

• Zumo de apio.
Ingredientes: 5 ramas de apio.
Preparación: Corta el apio en tiras de 5 a 7 cm de longitud. Pásalo por la licuadora. Tómalo 2 veces al día.

• Zumo de apio y zanahoria.
Ingredientes: 4 ramas de apio y 3 zanahorias.
Preparación: Corta las zanahorias en tiras de 5 a 7 cm de longitud. Corta el apio de la misma forma. Pasa todo por la licuadora, empezando y terminando con la zanahoria. Tómalo 2 ó 3 veces al día.

• Zumo de zanahoria, manzana y perejil.
Ingredientes: 5 zanahorias, 1 manzana y 1 ramillete de perejil.
Preparación: Limpia las zanahorias y córtalas en tiras de 5 a 7 centímetros de longitud. Corta la manzana en rodajas finas. Pasa primero la mitad de los trozos de zanahoria por la licuadora, luego el perejil y el resto de la zanahoria. Licúa por último la manzana. Mézclalo bien y tómalo 1 ó 2 veces al día.

• Zumo de manzana, pera y jengibre.
Ingredientes: 2 manzanas, 1 pera y 1 trocito de 2 centímetros de raíz de jengibre.

Preparación: Corta las manzanas, las peras y el jengibre en rodajas finas. Pasa los ingredientes por la licuadora, empezando y terminando siempre con la manzana. Tómalo 1 vez al día.

• Jugo de zanahoria, apio, espinacas y perejil:
Ingredientes: 4 zanahorias, 2 ramas de apio, 1 manojo de espinacas y 1 puñado de perejil.
Preparación: Limpia las zanahorias y el apio, y córtalos en tiras de 5 a 7 centímetros de longitud. Tómalo 1 ó 2 veces al día. (Nota: es un jugo muy rico en calcio).

• Jugo de zanahoria, manzana, jengibre y perejil:
Ingredientes: 4 o 5 zanahorias, 1/2 manzana, 1 rodaja de raíz de jengibre de aproximadamente 1/2 cm y un puñado de perejil.
Preparación: Corta las zanahorias y la manzana en trozos. Pasa todos los ingredientes por la licuadora.

• Jugo de patata, zanahoria, manzana y perejil:
Ingredientes: 1 rodaja de patata, 4 zanahorias, 1 manzana y un puñado de perejil.
Preparación: Corta la patata en rodajas finas. Corta las zanahorias en tiras de 5 a 7 cm de longitud. Corta la manzana en rodajas finas y pasa todos los ingredientes por la licuadora.

• Batido de melón:
Ingredientes: 2 rodajas de melón, con la corteza.
Preparación: Corta el melón en trocitos y pásalo por la licuadora. Cómelo 2 ó 3 veces a la semana, con el estómago vacío, media o una hora antes de almorzar.

• Jugo de manzana, pera y nabo dulce:
Ingredientes: 1 manzana, 1 pera y 1 rodaja de 2,5 cm de nabo dulce (pelenga o jícama).
Preparación: Corta la jícama en tiras y la pera y manzana en rodajas finas. Pasa todos los ingredientes por la licuadora.

• Jugo de zanahorias, perejil, apio y ajo:
Ingredientes: 4 o 5 zanahorias, 1 manojo de perejil, 2 tallos de apio y 1 diente de ajo.
Preparación: Comprime el perejil y pásalo por la licuadora junto con el resto de ingredientes, empezando y terminando

con la zanahoria. Tómalo 2 veces al día.

- **Jugo de pomelo y piña:**
Ingredientes: 1 pomelo y 200 gramos de piña tropical pelada.
Preparación: Pela el pomelo, quítale la parte blanca y las semillas, y córtalo en trozos. Corta la piña en trozos y agrégalo todo a la licuadora.

- **Jugo de piña, manzana y jengibre:**
Ingredientes: 1/4 de piña con corteza, 1/2 manzana sin pepitas y 1 rodaja de raíz de jengibre de aproximadamente 1/2 cm.
Preparación: Pasa todos los ingredientes por la licuadora. Tómalo 1 vez al día.

- **Jugo de zanahoria, manzana, apio y nabo dulce:**
Ingredientes: 4 zanahorias, 1 manzana, 1 tallo de apio y 1 rodaja de nabo dulce (pelenga o jícama) de 2,5 cm.
Preparación: Limpia las zanahorias y córtalas en trozos de 5 a 7 cm de longitud. Corta el apio de la misma forma. Corta la jícama en tiras y la manzana en rodajas finas. Pásalo todo por la licuadora.

- **Jugo de cerezas, lima y uvas:**
Ingredientes: 1 cuenco de cerezas sin hueso, 1/4 de cuenco de lima y un racimo mediano de uvas blancas.
Preparación: Licúa las cerezas, las uvas y la lima. Vierte el zumo en un vaso y tómalo 1 vez al día.

- **Jugo de kiwi, limón, uvas y apio:**
Ingredientes: 1 kiwi, 1/2 limón, 100 gramos de uvas y 2 pencas de apio.
Preparación: Pela y trocea el kiwi. Pela el limón quitando la parte blanca, córtalo en cuartos y retira las semillas. Trocea el apio. Licúa todos los ingredientes.

- **Jugo de berza, perejil y zanahorias:**
Ingredientes: 3 hojas de berza (col abierta), 1 manojo de perejil y 4 o 5 zanahorias.
Preparación: Comprime las hojas de berza y perejil y pásalo por la licuadora junto con las zanahorias. Tómalo 2 ó 3 veces al día.

• Jugo de naranja, mango y arándanos:

Ingredientes: 1/2 mango, 1/2 naranja, 60 gramos de arándanos rojos, 1 cucharadita de miel de abeja y 100 ml de agua.

Preparación: Pela el mango y trocéalo en dados. Pela la naranja, quita la parte blanca y separa los gajos. Licúa todos los ingredientes. Agrega el agua y la piel al vaso.

• Jugo de cerezas:

Ingredientes: 30 gramos de cerezas y 1 vaso de agua.

Preparación: Lava bien las cerezas, quítales el rabito, pártelas por la mitad y extrae el hueso. Tritura las cerezas junto con el agua.

PLANTAS MEDICINALES

Desde tiempos inmemoriales, la humanidad ha recurrido a la naturaleza para encontrar respuestas a sus necesidades. Las plantas medicinales, fieles aliadas en este viaje, han transmitido generosamente su sabiduría para aliviar dolencias y fortalecer nuestra salud. Este conocimiento milenario, cuidadosamente preservado a lo largo del tiempo, encuentra hoy un lugar renovado en el mundo moderno como una opción sana y sostenible frente a los desafíos actuales.

En una sociedad cada vez más consciente de los efectos adversos de algunos tratamientos farmacológicos y del impacto ambiental de diversas prácticas, las plantas medicinales resurgen con renovado protagonismo. Para quienes buscan un estilo de vida equilibrado, respetuoso y alineado con la naturaleza, estos tesoros verdes ofrecen herramientas valiosas. Este renacimiento refleja no solo una expansión del interés por lo ecológico, sino también una evolución hacia el cuidado integral del cuerpo y del planeta.

Lo que hace extraordinarias a estas maravillas naturales es la complejidad de sus compuestos, capaces de brindar propiedades antioxidantes, antiinflamatorias, antibacterianas y antivirales, entre otras. Su potencial abarca desde el alivio de problemas cotidianos, como el insomnio o la digestión lenta, hasta el apoyo en condiciones como el estrés crónico o las afecciones vinculadas al envejecimiento, entre otras muchas.

Más allá de tratar dolencias puntuales, estas especies son también una fuente muy valiosa de micronutrientes esenciales: vitaminas, minerales, fibra y antioxidantes que fortalecen el sistema inmunológico y promueven la salud a largo plazo. Incorporarlas en la dieta o en rituales de cuidado personal es una solución sencilla, sostenible y eficaz tanto para la prevención como para el fortalecimiento del bienestar integral.

El reino vegetal nos regala una sorprendente diversidad: innumerables especies adaptadas a necesidades específicas. Desde una taza de infusión hasta bálsamos, tinturas o aceites esenciales, sus usos son tan amplios como su versatilidad, integrándose fácilmente en cualquier estilo de vida.

Más que remedios, las plantas medicinales nos invitan a reconectar con la naturaleza. Utilizar sus bondades implica respetar los ritmos naturales del entorno y valorar nuestra relación con los recursos que nos ofrece la tierra. Cada hierba o extracto parece un recordatorio palpable de nuestra conexión con el mundo vivo, ayudándonos a retomar ese equilibrio que va más allá de lo físico, alcanzando incluso lo espiritual.

Además de sus múltiples beneficios para la salud, las plantas medicinales destacan por su fácil acceso y su versatilidad. Muchas de ellas crecen de forma abundante en entornos naturales o pueden cultivarse en jardines y huertos domésticos, lo que las convierte en una alternativa asequible y sostenible. En un contexto global marcado por desigualdades económicas, estas aliadas del bienestar representan una opción inclusiva para complementar o, en algunos casos, reemplazar tratamientos costosos.

A lo largo de los siglos, el conocimiento sobre estas plantas ha sido preservado con esmero, transmitido oralmente y a través de escritos. Esta herencia, nacida del respeto por la naturaleza, encuentra hoy respaldo en la ciencia moderna, cuyos estudios avalan los efectos de los compuestos herbales sobre el organismo y arrojan luz sobre su mecanismo de acción. Es una unión potente entre tradición y tecnología, que amplía las posibilidades terapéuticas de estas maravillas.

No obstante, este vasto potencial exige un enfoque responsable. Cada organismo humano es único y, aunque las plantas poseen propiedades terapéuticas probadas, no están exentas de riesgos. Su interacción con fármacos convencionales o su uso incorrecto podría generar efectos adversos. Por ello, resulta fundamental apoyarse en información clara y confiable para garantizar un empleo seguro y efectivo.

Un aspecto especialmente intrigante es la forma en que los componentes dentro de una planta trabajan en conjunto. Los extractos integrales, gracias a esta interacción compleja, suelen generar efectos más equilibrados y completos que los compuestos aislados. Las moléculas presentes interactúan de manera complementaria, maximizando sus beneficios mientras mitigan posibles efectos secundarios. Por otro lado, aislar los principios activos puede proporcionar soluciones más concentradas, pero también podría aumentar el riesgo de efectos adversos en el organismo.

El equilibrio natural de las plantas representa uno de los más grandes tesoros que nos ofrece la biodiversidad. Mientras los extractos integrales destacan por su suavidad y armonía al trabajar en conjunto con los procesos naturales del cuerpo, los compuestos aislados y sintetizados buscan mayor potencia, a menudo a costa de su estabilidad. Las moléculas presentes en las plantas colaboran de forma complementaria, maximizando beneficios y reduciendo posibles efectos secundarios, lo que hace de los remedios naturales una opción íntimamente alineada con nuestras necesidades.

En definitiva, las plantas medicinales son mucho más que herramientas terapéuticas: son un puente entre la sabiduría ancestral y la innovación científica. Nos recuerdan que la salud del cuerpo y del planeta están profundamente conectadas. Al proteger esta herencia, promovemos no solo nuestro bienestar, sino también el de generaciones futuras, renovando el equilibrio entre ser humano y naturaleza.

Información importante

Aunque las plantas tienen un origen natural, no deben considerarse completamente inofensivas. Sus principios activos pueden ocasionar efectos adversos o provocar alergias en ciertas personas.

Consumir una infusión ocasional rara vez genera problemas.

No obstante, el uso excesivo, prolongado o en grandes cantidades puede derivar en molestias, reacciones alérgicas o incluso intoxicaciones.

La tolerancia a los remedios naturales varía según cada persona. Si estás embarazada, en período de lactancia o padeces alguna condición como enfermedades crónicas, alergias, insuficiencia renal o hepática, cáncer, o sigues un tratamiento médico, es fundamental que consultes la sección "**Conoce todo lo necesario sobre las plantas**" antes de utilizarlas. Allí encontrarás información clave sobre riesgos, contraindicaciones e interacciones para decidir de forma responsable.

Pautas para el uso de los remedios herbales

Para obtener resultados óptimos, es recomendable continuar con los remedios hasta la total desaparición de los síntomas. La duración del tratamiento dependerá de factores como la gravedad de la afección, su evolución, tu motivación y otros elementos importantes.

Es crucial tener presente que algunas plantas o remedios de fitoterapia no están diseñados para un uso continuo o prolongado. En estos casos, siempre encontrarás instrucciones claras al respecto.

Además de seguir las pautas de los remedios que verás a continuación, es igualmente importante abordar las causas subyacentes de tus síntomas. Para entender mejor el origen de tu problema de salud, te invito a consultar el capítulo inicial de este libro, en la sección "Causas", donde encontrarás información clave para tratar la raíz de la patología.

Por último, recuerda que la paciencia es esencial. Una dolencia que ha estado presente durante meses o años no puede resolverse en cuestión de días. Persevera y cuida tu bienestar de manera constante.

Medidas

Para garantizar resultados efectivos al preparar infusiones, decocciones y otras recetas a base de plantas, es fundamental respetar las siguientes medidas de dosificación:

- Una cucharada equivale a una cucharada sopera rasa.
- Una cucharadita corresponde a una cucharadita de postre rasa.

Plantas eficaces para el cuidado externo de las varices

Es importante tener en cuenta que si sufres afecciones cardíacas graves, problemas importantes de circulación, tromboflebitis o úlceras, es esencial que consultes previamente a tu médico antes de utilizar cualquier remedio tópico a base de plantas. Esto permitirá garantizar un tratamiento seguro y apropiado para tu situación.

Además, ten en cuenta las siguientes advertencias importantes: **si presentas heridas abiertas, ulceraciones, varices inflamadas y dolorosas o trombos en las piernas, evita realizar masajes o ejercer presión en la zona afectada**. Estas acciones podrían agravar las molestias o complicar tu estado.

A continuación, se presentan algunos remedios tópicos naturales que te ayudarán a aliviar las molestias de las varices:

Aloe vera

Esta planta posee propiedades calmantes y refrescantes que ayudan a reducir la presión de las varices. Aplica gel de aloe vera puro y realiza un masaje suave, con movimientos circulares ascendentes desde los tobillos hasta las rodillas.

Menta, laurel y manzanilla

Hierve 2 litros de agua y agrega un puñado de hojas de menta, laurel y flores de manzanilla. Deja reposar la mezcla durante 5 a 8 minutos, y cuando esté tibia o fría, viértela en un recipiente grande. Añade una cucharada de bicarbonato y sumerge las piernas durante al menos 15 minutos. Durante este baño relajante, puedes realizar masajes suaves en movimientos ascendentes para estimular la circulación.

Aceite esencial de lavanda

Diluye unas gotas de aceite esencial de lavanda en un aceite portador, como el de almendras o coco. Luego, masajea delicadamente tus piernas con la mezcla. La lavanda no solo relaja los músculos, sino que también mejora la sensación de frescura y bienestar.

Jengibre

Prepara una infusión concentrada de jengibre hirviendo unos trozos de raíz fresca en dos litros de agua. Una vez que la mezcla se haya enfriado ligeramente, viértela en un recipiente y sumerge las piernas afectadas. Este tratamiento puede ayudar a activar la circulación. También puedes hacer algo similar con otras plantas como menta, romero, saúco, bardana y consuelda, todas conocidas por sus propiedades benefactoras para la circulación.

Estos sencillos remedios pueden proporcionar alivio y bienestar, pero recuerda siempre ser cuidadoso con sus aplicaciones y consultar a un médico ante cualquier duda o síntoma grave.

Plantas eficaces para uso interno

Cuando se trata de aliviar los síntomas relacionados con las varices, la naturaleza ofrece una variedad de plantas que han demostrado ser altamente efectivas. Aquí se presenta una selección de opciones herbales destacadas, organizadas alfabéticamente: **castaño de Indias, cola de caballo, ginkgo biloba, hamamelis, rusco y vid roja.**

Lo más recomendable es consumir estas plantas en forma de infusiones o decocciones, aprovechando sus propiedades de la manera más natural posible. Si prefieres endulzar estas bebidas, asegúrate de utilizar exclusivamente stevia 100% natural, evitando otros edulcorantes que puedan alterar su sabor puro o sus beneficios.

Es fundamental ser constante para evaluar los resultados de cada planta. Elige una opción y consúmela durante el tiempo indicado, o al menos por un período continuo de tres semanas, para observar sus efectos en tu organismo. Si tras este tiempo no notas mejoras significativas, cambia a otra opción de la lista hasta encontrar la que mejor se adapte a ti. Recuerda que cada persona es única, y puede responder de manera diferente a los tratamientos herbales.

A continuación, encontrarás una descripción detallada de cada planta para que puedas conocer sus beneficios específicos. Se han incluido también sus nombres científicos (entre paréntesis), ya que muchas poseen nombres comunes diversos según la región o el país en el que vivas. Esto te ayudará a identificar la planta correcta sin confusiones. ¡Descubre cómo estas maravillosas plantas pueden ayudarte a mejorar tu bienestar de manera natural!

Castaño de Indias (Aesculus hippocastanum)

Decocción: Ingredientes: 30 gramos (2 cucharadas) de corteza seca de castaño de Indias y 1 litro de agua. Preparación: Calienta el agua y cuando comience a hervir, añade el castaño de Indias. Deja que hierva durante 10 minutos. Retira del fuego y consume cuando esté tibia. Si es posible, tómala sin edulcorar o con stevia. Divide en 2 ó 3 tomas al día, después de las comidas.

Toma esta decocción durante un máximo de 4 semanas, luego descansa durante otras 3. Durante este descanso, puedes probar con otra de las plantas recomendadas en este libro.

Otras forma de uso: También puedes consumir castaño de Indias en forma de extracto líquido, cápsulas o comprimidos. En estos casos, la dosis recomendada suele ser de 300 a 600 mg al día, divididos en dos o tres tomas, pero sigue las indicaciones del envase.

Cola de caballo (Equisetum arvense)

Decocción: Ingredientes: 4 cucharadas de planta seca en litro y medio de agua. Preparación: Cocina a fuego lento durante 30 minutos. Deja enfriar, filtra y bebe una taza por la mañana y otra a mediodía, alejada de las comidas.

Infusión: Ingredientes: 2 cucharadas de cola de caballo por taza. Hierve el agua y déjala reposar durante 5 minutos. Toma de 2 a 3 tazas al día, alejadas de las comidas.

Toma esta infusión durante un máximo de 4 semanas, luego descansa durante otras 8. Durante este descanso, puedes probar con otra de las plantas recomendadas en este libro.

Observaciones: Evita tomar cola de caballo después de las 6 de la tarde, ya que al ser diurética, puede provocar que te despiertes durante la noche con ganas de orinar. Debido a que la diuresis puede causar pérdida de potasio, si tienes la intención de continuar tomando cola de caballo durante un período prolongado, debes complementar el tratamiento con comprimidos de potasio.

Ginkgo biloba (Ginkgo biloba L.)

Infusión: Ingredientes: 50 gramos de hojas secas en 500 ml de agua. Hierve el agua, agrega el ginkgo y deja reposar durante 8 minutos. Endulza con miel o stevia. Toma 3 tazas al día, entre las comidas.

Toma esta infusión durante un máximo de 8 semanas, luego descansa durante 4.

Otras forma de uso: El ginkgo biloba se puede encontrar en forma de extracto líquido, cápsulas o comprimidos. En estos casos, la dosis recomendada suele ser de 120 a 240 mg al día, divididos en dos tomas, pero sigue las indicaciones del envase.

Hamamelis (Hamamelis virginiana)

Infusión: Ingredientes: 1 cucharadita de postre de hamamelis seco por taza de agua. Calienta el agua y cuando hierva, apaga el fuego y agrega el hamamelis. Tapa y deja reposar durante 10 o 15 minutos. Tómalo sin endulzar o con stevia. Toma 2 tazas al día, entre las comidas.

Toma esta infusión durante un máximo de 8 semanas, luego descansa durante 4.

Rusco (Ruscus aculeatus)

Decocción (de la raíz): Ingredientes: 35 gramos de raíz por litro de agua. Coloca la raíz en el agua y déjala hervir durante 10 minutos. Tómala templada y sin endulzar o con stevia. Toma 3 tazas al día, entre las comidas.

Toma esta decocción durante un máximo de 8 semanas, luego descansa durante 4.

Otras forma de uso: También puedes consumirlo en forma de extracto líquido, cápsulas o comprimidos. La dosis recomendada suele ser de 300 a 600 mg al día, divididos en dos o tres tomas, pero sigue las indicaciones del fabricante.

Vid roja (Vitis vinifera)

Decocción nº 1: Ingredientes: 3 cucharadas de hojas secas desmenuzadas por litro de agua. Preparación: Coloca las hojas en el agua y ponlo al fuego. Déjalo hervir durante 15 minutos. Toma 2 ó 3 vasos al día, entre las comidas.

Decocción nº 2 (*para crisis agudas de dolor o pesadez*): Ingredientes: 1 cucharadita de hojas secas por taza de agua. Preparación: Pon las hojas en el agua y déjalo hervir durante 10 minutos. Retira del fuego y deja reposar durante 10 minutos más. Toma 1 cucharada cada 15 minutos (para desinflamar las varices).

Tómalo un máximo de 8 semanas y descansa durante 4.

Recetas de fitoterapia

Aunque las plantas mencionadas anteriormente son eficaces cuando se utilizan de manera individual, sus propiedades pueden amplificarse cuando se combinan adecuadamente. A continuación, se presentan algunas combinaciones especialmente efectivas:

- **Receta de fitoterapia nº 1**
Ingredientes: hamamelis, ginkgo biloba, castaño de Indias y rusco. Emplea las cuatro plantas a partes iguales.

Preparación: usa dos cucharaditas de esta mezcla de hierbas secas por cada 500 ml de agua. Pon el agua al fuego con las plantas. Déjalo hervir durante 3 minutos. Retira y déjalo reposar 15 minutos más. Ve tomándolo durante el día, entre comidas.

- **Receta de fitoterapia nº 2**
Ingredientes: 1 litro de agua, 5 cucharadas de cola de caballo, 2 cucharadas de raíz de jengibre*, 3 cucharadas de castaño de Indias y 1 cucharadita de malva* (hojas y flores).

Preparación: pon el agua al fuego con el jengibre picado en rodajas finas. Déjalo hervir 8 minutos. Retira del fuego. Agrega las otras tres plantas, tapa y deja reposar 15 minutos. Tómalo 3 veces al día, media hora antes de las comidas.

Pasos simples para preparar una tintura para las varices

Las tinturas, también conocidas como extractos botánicos concentrados, son una forma eficaz y potente para aprovechar los beneficios terapéuticos de las plantas medicinales. Mediante un cuidadoso proceso de extracción, se obtienen los compuestos esenciales, como fitoquímicos y principios activos, que concentran valiosas propiedades curativas.

Estas soluciones líquidas han sido empleadas durante siglos en la medicina tradicional por su comprobada eficacia y gran versatilidad. En años recientes, han retomado su relevancia gracias al interés creciente en los remedios naturales y las prácticas herbales.

El método para preparar estos extractos puede variar, aunque generalmente consiste en sumergir partes vegetales –raíces, hojas, flores o cortezas– en un solvente como alcohol, glicerina o agua. Durante el reposo, los elementos activos de la planta se transfieren al líquido, convirtiéndolo en un concentrado medicinal que conserva sus propiedades esenciales.

Una de las principales ventajas de estas preparaciones es su practicidad. Pueden administrarse oralmente añadiendo unas gotas a agua o jugo, lo que facilita su rápida absorción. Además, su elevada concentración permite ajustar la dosis de manera precisa según las necesidades de cada persona.

Preparación de una tintura de rusco

Ingredientes:
- 40 gramos de raíz de rusco.
- 200 ml de vodka o brandy (en su lugar se puede utilizar vinagre de manzana o glicerina vegetal para aquellos que no pueden consumir alcohol)
- Un frasco de vidrio de aproximadamente 200 ml con tapa hermética
- Un frasco con gotero de color marrón oscuro para protegerlo de la luz

Preparación:
1. Pela el rusco y córtalo en rodajas o rállalo. Colócalo en el frasco de vidrio hermético, llenando aproximadamente la mitad del frasco.
2. Añade el vodka, brandy o vinagre al frasco, llenándolo por completo. Agita bien para asegurar una buena mezcla.
3. Guarda el frasco en un lugar oscuro y cálido, lejos de fuentes de calor. Deja que la mezcla macere durante al menos 3 semanas, aunque también se puede dejar macerando durante varios meses. Asegúrate de agitar el frasco una vez a la semana

y volver a guardarlo.

4. Después del tiempo de maceración, filtra la tintura utilizando una gasa de algodón esterilizada en un recipiente de cristal.

5. Transfiere la tintura filtrada al frasco de vidrio marrón con gotero y ciérralo bien. Es recomendable etiquetar el frasco con la fecha de embotellado.

Dosificación:
La dosis recomendada para adultos es de 30 gotas, 3 veces al día, durante un máximo de 4 semanas consecutivas. Después de este período, se recomienda hacer un descanso de 1 mes antes de continuar con el tratamiento –4 semanas de tratamiento y 1 mes de descanso–.

Conservación:
Guarda la tintura en un lugar fresco y oscuro, y verifica siempre la fecha de caducidad (1 año).

Conoce todo lo necesario sobre las plantas

En esta sección, profundizaremos en las especies botánicas más recomendadas para el tratamiento de la patología que nos ocupa. Encontrarás información clave sobre sus posibles efectos adversos, contraindicaciones e interacciones, así como detalles completos sobre cada planta. Desde su descripción y hábitat hasta las partes utilizadas, componentes químicos, historia y propiedades terapéuticas, este capítulo está diseñado para llevarte en un fascinante viaje de descubrimiento.

Mi objetivo es ofrecerte una visión integral de estas plantas, ayudándote a comprender su contexto y valorar sus múltiples beneficios. Exploraremos su origen histórico y su relevancia en la medicina tradicional, destacando su papel en el cuidado natural.

Quiero que te conviertas en una persona experta en estas especies, capaz de tomar decisiones informadas en la búsqueda de tu bienestar. ¡Prepárate para ampliar tus conocimientos y descubrir el extraordinario poder curativo de la naturaleza!

Castaño de indias (Aesculus hippocastanum)

Descripción:
El castaño de indias es un árbol de tamaño mediano a grande que puede alcanzar alturas de hasta 30 metros. Tiene un tronco recto y ramas extendidas que forman una copa redondeada. Sus hojas son grandes, compuestas y de forma palmada, con entre 5 y 7 folíolos de bordes aserrados. Durante la primavera, el árbol produce flores en forma de espigas erectas de color blanco o rosado pálido. Los frutos del castaño de indias son cápsulas espinosas que contienen semillas brillantes de color marrón oscuro.

Hábitat y cultivo:
El castaño de indias es originario de las regiones montañosas de los Balcanes y Asia Menor, pero actualmente se cultiva en muchas partes del mundo. Prefiere climas templados a frescos y suelos bien drenados. Se encuentra comúnmente en parques, avenidas y jardines, y su madera también se utiliza en la construcción de muebles y pisos.

Partes utilizadas:
En términos de uso terapéutico, las partes más utilizadas del castaño de indias son las semillas y la corteza. Las semillas son las más valoradas y se utilizan en la preparación de extractos y tinturas. La corteza también puede utilizarse en forma de decocción o tintura.

Componentes:
Las semillas de castaño de indias contienen diversos compuestos, entre los que se destacan los saponósidos triterpénicos, como la escina. La escina es considerada el principal componente activo responsable de las propiedades terapéuticas del castaño de indias. También se encuentran flavonoides, taninos y otros compuestos bioactivos en menor cantidad.

Historia y tradición:
El castaño de indias ha sido utilizado en la medicina herbal desde hace siglos. Se cree que fue introducido en Europa desde Asia en el siglo XVI. Tradicionalmente, se ha utilizado para

tratar problemas circulatorios, como la insuficiencia venosa, las varices y la fragilidad capilar. También se ha utilizado tópicamente para aliviar la inflamación y el dolor relacionados con golpes, contusiones y hematomas.

Propiedades terapéuticas:
Se utiliza principalmente por sus propiedades venotónicas y vasoprotectoras. La escina presente en las semillas tiene la capacidad de fortalecer los vasos sanguíneos, mejorar la circulación y reducir la inflamación. Esto lo convierte en un remedio natural popular para tratar trastornos venosos, como las varices, la insuficiencia venosa crónica y la pesadez en las piernas.

Además de sus propiedades venotónicas, el castaño de indias también puede tener efectos antioxidantes y antiinflamatorios.

Curiosidades:
El castaño de indias es conocido por su nombre científico Aesculus hippocastanum, donde "Aesculus" proviene del latín y hace referencia a un tipo de roble, mientras que "hippocastanum" significa "castaño de caballo". Este último nombre se debe a la antigua tradición de alimentar a los caballos con las semillas del árbol.

Aunque se le conoce como "castaño de indias", esta planta no tiene ninguna relación con el castaño común. Su nombre se debe a que fue traído a Europa desde Asia por los colonizadores portugueses y se asoció erróneamente con las Indias Orientales.

En algunas culturas, especialmente en Europa del Este, las semillas del castaño de indias se han utilizado históricamente para fabricar amuletos y talismanes que se creía que protegían contra el mal de ojo y otras energías negativas.

Efectos adversos o secundarios:
Aunque el castaño de indias es generalmente bien tolerado, pueden ocurrir efectos adversos en algunas personas. Los más comunes incluyen malestar estomacal, náuseas, vómitos y dolor de cabeza. Estos efectos secundarios suelen ser leves y

desaparecen por sí solos.

En casos raros, se han reportado reacciones alérgicas. Si experimentas síntomas como erupciones cutáneas, picazón, hinchazón o dificultad para respirar después de su consumo, es importante buscar atención médica de inmediato.

Contraindicaciones:
Las personas con enfermedades hepáticas o renales, así como aquellas con trastornos hemorrágicos o úlceras gástricas, deben evitar el uso del castaño de indias, ya que puede empeorar estas condiciones.

Debido a su capacidad para afectar la coagulación sanguínea, se recomienda precaución en el uso del castaño de indias en personas que están tomando fármacos anticoagulantes o antiplaquetarios, como la warfarina. Es importante consultar con un médico antes de utilizarlo en estos casos.

Interacciones:
Esta planta puede interactuar con ciertos medicamentos, como los anticoagulantes, antiplaquetarios y antiinflamatorios no esteroides (AINE). Puede aumentar el riesgo de sangrado o interferir con la eficacia de estos medicamentos. Si estás tomando alguno de ellos, es importante hablar con tu médico antes de consumir castaño de indias.

Además, se ha informado que el castaño de indias puede interactuar con medicamentos para la presión arterial, los diuréticos y los medicamentos que afectan la función hepática. Por lo tanto, es recomendable consultar a un profesional de la salud antes de combinarlos.

Cola de caballo (Equisetum arvense)

Descripción:
La cola de caballo es una planta perenne que pertenece al género Equisetum. Se caracteriza por sus tallos huecos y articulados que se asemejan a las colas de los caballos. Tiene

hojas pequeñas y esporas en forma de conos en la parte superior de los tallos.

Hábitat y cultivo:
La cola de caballo se encuentra comúnmente en áreas húmedas y pantanosas de todo el mundo. Crece en suelos ricos en minerales y puede tolerar diferentes condiciones de luz y agua. Se puede cultivar en jardines y también se encuentra de forma silvestre.

Partes utilizadas:
Las partes utilizadas de la cola de caballo son los tallos estériles que crecen en primavera antes de la aparición de las esporas. Estos tallos se recolectan y se utilizan tanto frescos como secos para obtener sus propiedades medicinales.

Componentes:
Contiene varios componentes beneficiosos, como sílice, flavonoides, minerales (como potasio y calcio), ácido ascórbico (vitamina C) y alcaloides. La sílice es uno de los componentes principales y contribuye a las propiedades curativas de la planta.

Historia y tradición:
La cola de caballo ha sido utilizada en la medicina tradicional durante siglos debido a sus propiedades medicinales y beneficios para la salud. Es una planta perenne que se encuentra en varias partes del mundo, incluyendo Europa, Asia y América del Norte. Su nombre proviene de su apariencia, ya que sus tallos parecen colas de caballo.

Esta planta ha sido valorada en la historia y tradiciones de diferentes culturas. En la antigua Roma, por ejemplo, se creía que esta planta tenía propiedades curativas y se utilizaba para tratar heridas y problemas urinarios. También se utilizaba en la medicina tradicional china y en la medicina ayurvédica de la India para tratar una variedad de dolencias.

Además de sus usos medicinales, la cola de caballo también ha sido utilizada en la agricultura y en la jardinería debido a su contenido de sílice, que fortalece los tejidos vegetales y promueve el crecimiento de las plantas. También se ha utilizado en la fabricación de productos cosméticos y en la industria textil para fortalecer las fibras de tela.

Propiedades terapéuticas:
La cola de caballo es conocida por sus propiedades terapéuticas y sus beneficios para la salud. Algunas de sus propiedades más destacadas son:

Diurético natural: La cola de caballo tiene un efecto diurético suave, lo que significa que estimula la producción de orina y ayuda a eliminar toxinas y desechos del cuerpo. Esto puede ser beneficioso para tratar la retención de líquidos, reducir la hinchazón y promover la salud renal.

Fortalecimiento de huesos y tejidos: La cola de caballo contiene sílice, un mineral que se encuentra en altas concentraciones en esta planta. El sílice es importante para la formación y el fortalecimiento de los tejidos conectivos, como los huesos, los cartílagos y las uñas. También puede ayudar a promover la salud de la piel, el cabello y los dientes.

Propiedades antiinflamatorias: La cola de caballo tiene propiedades antiinflamatorias, lo que significa que puede ayudar a reducir la inflamación en el cuerpo. Esto puede ser beneficioso para tratar afecciones inflamatorias, como la artritis y la enfermedad inflamatoria intestinal.

Mejora de la salud del sistema urinario: La cola de caballo se ha utilizado tradicionalmente para tratar afecciones del sistema urinario, como infecciones del tracto urinario y cálculos renales. Su efecto diurético puede ayudar a limpiar y desintoxicar los riñones, promoviendo así su salud y previniendo la formación de cálculos.

Acción antioxidante: Contiene antioxidantes que ayudan a proteger las células del daño causado por los radicales libres. Los radicales libres son moléculas inestables que pueden dañar el ADN y contribuir al envejecimiento y a diversas enfermedades. Los antioxidantes presentes en la cola de caballo ayudan a neutralizar estos radicales libres y proteger el cuerpo contra el estrés oxidativo.

Curiosidades:

Es una hierba perenne que crece en áreas húmedas y pantanosas de todo el mundo. Recibe su nombre debido a su apariencia distintiva que se asemeja a las cerdas de una cola de caballo. Además de su aspecto peculiar, esta planta tiene varias curiosidades interesantes:

Fósiles vivientes: Las colas de caballo son consideradas fósiles vivientes, ya que son plantas que han existido en la Tierra desde hace millones de años. Se cree que las primeras especies de cola de caballo surgieron hace más de 300 millones de años, durante el período Carbonífero.

Contenido de sílice: La cola de caballo es una de las pocas plantas que contiene altos niveles de sílice, un componente mineral importante para la salud humana. Esto la convierte en una planta popular en la medicina tradicional para fortalecer el cabello, las uñas y los huesos.

Uso en jardinería: Además de sus propiedades medicinales, la cola de caballo también es apreciada en la jardinería. Sus tallos huecos y articulados le dan una estructura única, y se utiliza a menudo como planta ornamental en jardines acuáticos o para crear bordes naturales en macizos de flores.

Efectos adversos o secundarios:

A pesar de sus beneficios potenciales, la cola de caballo puede tener algunos efectos adversos o secundarios en ciertos casos. Algunos de ellos son:

Toxicidad de tiaminasa: La cola de caballo contiene una enzima llamada tiaminasa, que puede interferir con la absorción de la vitamina B1 (tiamina). Esto puede llevar a una deficiencia de tiamina en el organismo si se consume en grandes cantidades o durante períodos prolongados.

Interferencia con medicamentos: La cola de caballo puede interactuar con ciertos medicamentos, como los diuréticos o los anticoagulantes. Es importante consultar a un médico antes de usar la planta si se está tomando algún medicamento para evitar posibles interacciones negativas.

Reacciones alérgicas: Algunas personas pueden presentar alergia a la cola de caballo. Esto puede manifestarse como erupciones cutáneas, picazón, hinchazón o dificultad para respirar. Si se experimenta alguna reacción alérgica, se debe buscar atención médica inmediata.

Contraindicaciones:
Existen contraindicaciones a tener en cuenta al usar cola de caballo:

Embarazo y lactancia: No se ha investigado lo suficiente sobre la seguridad de la cola de caballo durante el embarazo y la lactancia. Por precaución, se recomienda que las mujeres embarazadas o en periodo de lactancia eviten su uso o consulten a un médico antes de hacerlo.

Problemas renales: Debido a su contenido de sílice y su capacidad diurética, se aconseja precaución en personas con problemas renales, como cálculos renales o insuficiencia renal, ya que la cola de caballo puede agravar estos problemas.

Interacciones:
La cola de caballo puede interactuar con ciertos fármacos y suplementos, por lo que es importante tener precaución al combinarla con otros tratamientos. Algunas interacciones conocidas incluyen:

Medicamentos diuréticos: Esta planta tiene propiedades diuréticas naturales, por lo que podría aumentar el efecto diurético de los medicamentos diuréticos. Esto podría llevar a una pérdida excesiva de líquidos y minerales en el cuerpo.

Anticoagulantes: La cola de caballo puede tener efectos anticoagulantes leves, lo que podría aumentar el riesgo de sangrado al combinarse con medicamentos anticoagulantes como la warfarina. Se recomienda supervisión médica si se utilizan ambos tratamientos.

Ginkgo biloba (Ginkgo biloba L.)

Descripción:

El Ginkgo biloba es un árbol milenario considerado un fósil viviente, ya que ha existido desde hace millones de años. Es conocido por su aspecto único, con hojas en forma de abanico y ramas extendidas. Alcanza una altura de hasta 30 metros y tiene una corteza lisa y grisácea. Sus hojas son de color verde brillante en verano y se vuelven doradas en otoño antes de caer.

Hábitat y cultivo:

El Ginkgo biloba es originario de China y se ha cultivado en Asia durante siglos. En la actualidad, se encuentra en muchas partes del mundo, incluyendo Europa y América del Norte. Prefiere climas templados y se adapta bien a diferentes tipos de suelo. Es un árbol resistente y puede crecer tanto en áreas urbanas como rurales.

Partes utilizadas:

En términos medicinales, las partes utilizadas del Ginkgo biloba son principalmente las hojas y las semillas. Las hojas se recolectan en otoño y se secan para su posterior uso. Las semillas, por otro lado, se utilizan en menor medida y deben ser procesadas adecuadamente, ya que contienen sustancias tóxicas cuando están crudas.

Componentes:

El Ginkgo biloba contiene una variedad de componentes activos, siendo los más destacables los flavonoides y los terpenoides. Los flavonoides son conocidos por sus propiedades antioxidantes, mientras que los terpenoides, como los ginkgólidos y los bilobálidos, tienen efectos neuroprotectores y mejoran la circulación sanguínea.

Historia y tradición:

El Ginkgo biloba tiene una historia rica y una larga tradición en la medicina china. Se ha utilizado durante siglos para tratar diversas afecciones, como problemas de memoria, problemas respiratorios y trastornos circulatorios. Además, el árbol de Ginkgo es considerado sagrado en algunas culturas, y se le atribuyen propiedades espirituales y de longevidad.

Propiedades terapéuticas:
El Ginkgo biloba se ha estudiado ampliamente por sus propiedades terapéuticas. Mejora la circulación sanguínea y el flujo de oxígeno al cerebro, lo que puede beneficiar la memoria y la función cognitiva. También se ha utilizado para tratar problemas de visión, tinnitus (zumbido en los oídos) y vértigo. Sin embargo, es importante destacar que los suplementos de Ginkgo biloba no están exentos de efectos secundarios y pueden interactuar con ciertos medicamentos

Curiosidades:
El Ginkgo biloba es una especie fascinante con varias curiosidades asociadas a ella. Por ejemplo, es considerado un "fósil viviente" porque ha sobrevivido durante millones de años sin cambios significativos en su estructura. Además, es un árbol extremadamente resistente, capaz de sobrevivir a la contaminación, enfermedades y condiciones climáticas adversas. También es interesante destacar que las hojas de Ginkgo biloba tienen una forma única y se utilizan en la cultura china en la preparación de platos tradicionales.

Efectos adversos o secundarios:
Aunque el Ginkgo biloba es generalmente seguro para la mayoría de las personas cuando se consume en dosis adecuadas, pueden ocurrir algunos efectos adversos en raros casos. Estos efectos secundarios pueden incluir dolores de cabeza, malestar estomacal, mareos, diarrea, náuseas o reacciones alérgicas en algunas personas. Además, debido a su efecto anticoagulante, existe un riesgo de sangrado excesivo en personas que están tomando anticoagulantes o tienen trastornos de coagulación. Se recomienda precaución en personas con convulsiones, trastornos de la coagulación o que se someten a cirugía.

Contraindicaciones:
Aunque el Ginkgo biloba es ampliamente utilizado, existen algunas contraindicaciones a tener en cuenta. No se recomienda su uso en mujeres embarazadas o en período de lactancia debido a la falta de evidencia sobre su seguridad en estos casos.

Además, las personas que tienen alergia conocida al Ginkgo biloba o a alguno de sus componentes deben evitar su consumo. También se debe tener precaución en personas con trastornos convulsivos, trastornos de la coagulación o que estén programadas para cirugía en breve, ya que el Ginkgo puede interactuar con los fármacos y aumentar el riesgo de complicaciones.

Interacciones:
El Ginkgo puede interactuar con ciertos medicamentos, lo que puede afectar su eficacia o aumentar el riesgo de efectos adversos. Puede aumentar el riesgo de sangrado cuando se toma junto con anticoagulantes como la warfarina o la aspirina. Además, puede interferir con la acción de ciertos fármacos utilizados para tratar trastornos convulsivos, como la carbamazepina. También puede interactuar con medicamentos que afectan la función hepática, como algunos antidepresivos y medicamentos para el VIH. Por lo tanto, es importante informar a tu médico o farmacéutico si estás tomando Ginkgo biloba para evitar posibles interacciones perjudiciales.

Hamamelis (Hamamelis virginiana)

Descripción:
El Hamamelis, cuyo nombre científico es Hamamelis virginiana, es un arbusto o árbol pequeño originario de América del Norte. Se caracteriza por sus flores llamativas y su follaje colorido en otoño. El Hamamelis tiene hojas alternas, simples y dentadas, y sus flores son de color amarillo brillante o anaranjado. Es conocido por su capacidad de florecer en invierno y principios de primavera, lo que lo convierte en una planta ornamental popular.

Hábitat y cultivo:
El Hamamelis se encuentra naturalmente en bosques húmedos y pantanos de América del Norte, principalmente en las regiones este y central de los Estados Unidos. Prefiere suelos ricos en humus y bien drenados. En cuanto al cultivo, se puede plantar en jardines y parques, siempre y cuando se le

proporcione un ambiente adecuado con sombra parcial y suelo húmedo. Es una planta resistente y puede tolerar temperaturas frías.

Partes utilizadas:
En términos medicinales, las partes utilizadas del Hamamelis son principalmente las hojas y la corteza. Las hojas se recolectan en otoño y se secan para su posterior uso. La corteza, por otro lado, se obtiene de ramas jóvenes y también se seca para su utilización. Estas partes contienen compuestos activos que tienen propiedades terapéuticas.

Componentes:
El Hamamelis contiene una variedad de componentes beneficiosos, incluyendo taninos, flavonoides y aceites volátiles. Los taninos son astringentes y ayudan a reducir la inflamación y la irritación de la piel. Los flavonoides poseen propiedades antioxidantes y antiinflamatorias, y los aceites volátiles proporcionan un aroma distintivo a la planta.

Historia y tradición:
El Hamamelis tiene una larga historia de uso en la medicina tradicional. Los nativos americanos, como los iroqueses y los mohicanos, utilizaban el Hamamelis para tratar diversas afecciones, incluyendo problemas de piel, hemorroides y dolor muscular. También se utilizaba en rituales y ceremonias. En la actualidad, se ha popularizado como un ingrediente en productos para el cuidado de la piel y se utiliza en tratamientos tópicos para calmar la irritación y promover la cicatrización.

Propiedades terapéuticas:
Tiene propiedades terapéuticas que se han utilizado durante mucho tiempo. Se le atribuye acción astringente, antiinflamatoria y hemostática. Es comúnmente utilizado para aliviar las molestias de la piel, como picaduras de insectos, quemaduras solares, erupciones cutáneas y piel irritada. También se utiliza en el tratamiento de las hemorroides debido a sus propiedades para reducir la inflamación y aliviar el malestar. Además, el Hamamelis puede ayudar a estimular la circulación sanguínea y promover la curación de heridas menores.

Curiosidades:

Es una planta con algunas curiosidades interesantes asociadas a ella. Por ejemplo, es conocido como el "árbol de los brujos" debido a su capacidad para florecer en pleno invierno, lo que se consideraba un poder mágico en la antigüedad. Además, sus flores tienen una forma única, con pétalos delgados y en forma de cinta que se curvan hacia atrás, dándoles una apariencia distintiva. También es interesante destacar que el Hamamelis es utilizado en la industria cosmética y se encuentra en una variedad de productos para el cuidado de la piel debido a sus propiedades beneficiosas.

Efectos adversos o secundarios:

Aunque es generalmente seguro para la mayoría de las personas cuando se usa tópicamente, podrían ocurrir algunos efectos adversos en casos raros. Estos efectos secundarios incluyen irritación de la piel, enrojecimiento, picazón o reacciones alérgicas en algunas personas sensibles. Es importante realizar una prueba de parche en una pequeña área de la piel antes de usar productos que contengan Hamamelis para verificar si hay alguna reacción adversa.

Contraindicaciones:

Aunque se considera seguro para su uso tópico, hay algunas contraindicaciones a tener en cuenta. No se recomienda su uso en personas con alergias conocidas al Hamamelis o a alguno de sus componentes. Además, se debe evitar el uso tópico en heridas abiertas o piel dañada, ya que puede causar irritación adicional. Si estás embarazada o amamantando, es mejor consultar a un profesional de la salud.

Interacciones:

En general, no tiene interacciones significativas con fármacos u otras hierbas. Sin embargo, es importante tener precaución al usar productos con Hamamelis junto con otros productos tópicos para evitar posibles reacciones adversas o efectos no deseados. Si estás utilizando algún otro fármaco tópico, es recomendable hablar con un profesional de la salud antes de usar productos que contengan esta planta para asegurarte de que no haya interacciones negativas.

Jengibre (Zingiber officinale)

Descripción:
El jengibre es una planta perenne con tallos subterráneos llamados rizomas. Tiene hojas largas y estrechas, y flores amarillas o blancas en forma de cono. El rizoma es la parte más utilizada, y tiene un sabor picante y aromático.

Hábitat y cultivo:
El jengibre es originario de Asia tropical y se cultiva en muchas partes del mundo. Prefiere climas cálidos y húmedos, y se puede cultivar tanto en jardines como en macetas en interiores.

Partes utilizadas:
El rizoma del jengibre es la parte más utilizada. Se recolecta, se pela y se utiliza fresco o seco para su uso culinario y medicinal. También se pueden utilizar las hojas y las flores en ciertas preparaciones.

Componentes:
Contiene compuestos activos como gingerol, shogaol y zingibereno, que le confieren sus propiedades medicinales. También contiene antioxidantes, vitaminas y minerales.

El jengibre, conocido científicamente como Zingiber officinale, es una planta perenne originaria de Asia tropical. Ha sido utilizado durante siglos tanto como especia en la cocina como en la medicina tradicional debido a sus múltiples beneficios para la salud.

Historia y tradición:
Esta planta ha sido cultivada y utilizada en Asia desde hace más de 5,000 años. Se cree que su origen se encuentra en la región costera del sur de Asia, específicamente en lo que hoy conocemos como India y China. Desde allí, se ha extendido a diversas partes del mundo y se ha integrado en las tradiciones culinarias y medicinales de muchas culturas.

El jengibre ha sido especialmente valorado en la medicina

tradicional asiática, como la medicina ayurvédica y la medicina tradicional china. En estas tradiciones, se considera una planta "caliente" que puede ayudar a equilibrar el cuerpo y tratar una variedad de dolencias. Se ha utilizado para aliviar problemas digestivos, como náuseas, vómitos y malestar estomacal. Además, se ha utilizado como un tónico general para fortalecer el sistema inmunológico y promover la circulación sanguínea.

Propiedades terapéuticas:

Contiene compuestos bioactivos, como los gingeroles y los shogaoles, que le confieren sus propiedades medicinales. Estos compuestos son los responsables del sabor y aroma característicos del jengibre, pero también tienen efectos beneficiosos en el cuerpo humano.

Una de las propiedades más conocidas del jengibre es su capacidad para aliviar las náuseas y los vómitos. Numerosos estudios han demostrado que el consumo de jengibre puede ser efectivo en el alivio de las náuseas causadas por el embarazo, la quimioterapia o la cirugía. Los compuestos del jengibre actúan en el sistema digestivo, reduciendo la sensación de malestar y mejorando la motilidad intestinal.

Además, el jengibre también se ha utilizado para aliviar el dolor y la inflamación. Se ha demostrado que los gingeroles y los shogaoles tienen propiedades antiinflamatorias y analgésicas, lo que los convierte en una opción natural para el alivio del dolor en condiciones como la artritis, los dolores musculares y las migrañas. Algunos estudios incluso sugieren que el consumo regular de jengibre puede ayudar a reducir la inflamación crónica en el cuerpo.

El jengibre también puede tener efectos positivos en la salud cardiovascular. Se ha sugerido que el consumo regular de jengibre puede ayudar a reducir los niveles de colesterol y triglicéridos en la sangre, así como mejorar la circulación sanguínea. Estos efectos podrían contribuir a la salud del corazón y reducir el riesgo de enfermedades cardiovasculares.

Además de sus propiedades terapéuticas, el jengibre también se utiliza como especia en la cocina debido a su sabor picante y aromático. Se añade a platos salados y dulces, así como a bebidas como la infusión de jengibre. Su versatilidad culinaria lo convierte en un ingrediente popular en muchas culturas y cocinas del mundo.

Curiosidades:

Es una planta originaria de Asia tropical. Ha sido utilizado durante siglos tanto en la cocina como en la medicina tradicional debido a sus propiedades medicinales. Aquí te presentamos algunas curiosidades interesantes sobre el jengibre:

Sabor picante y refrescante: El jengibre tiene un sabor distintivo, con un toque picante y refrescante. Este sabor característico se debe a la presencia de compuestos activos como los gingeroles y los shogaols, que también le confieren sus propiedades medicinales.

Uso ancestral: El jengibre ha sido utilizado en la medicina tradicional china e india desde hace más de 2.000 años. Se ha utilizado para tratar una amplia variedad de afecciones, desde problemas digestivos hasta dolores musculares y resfriados.

Uso culinario: Además de sus propiedades medicinales, el jengibre es una especia muy popular en la cocina. Se utiliza en platos dulces y salados, como curries, postres, infusiones y bebidas refrescantes como el ginger ale.

Efectos adversos o secundarios:

Aunque el jengibre es generalmente seguro para la mayoría de las personas cuando se consume en cantidades moderadas, algunas personas pueden experimentar efectos adversos o secundarios:

Malestar estomacal: En algunas personas, el consumo excesivo de jengibre puede causar malestar estomacal, náuseas, acidez o diarrea. Estos efectos secundarios son generalmente leves y desaparecen por sí solos.

Interferencia con medicamentos: Puede interactuar con ciertos fármacos, como los anticoagulantes o los antihipertensivos. Se recomienda precaución al combinar el jengibre con estos fármacos y es importante consultar a un médico antes de hacerlo.

Reacciones alérgicas: Aunque son raras, algunas personas pueden presentar alergia al jengibre. Esto puede manifestarse como erupciones cutáneas, picazón, hinchazón o dificultad para respirar. Si se experimenta alguna reacción alérgica, se debe buscar atención médica de inmediato.

Contraindicaciones:

Existen contraindicaciones a tener en cuenta al utilizar el jengibre:

Trastornos de coagulación: Debido a su capacidad para inhibir la agregación plaquetaria, se debe tener precaución al consumir jengibre en personas que tienen trastornos de coagulación o que toman medicamentos anticoagulantes. Se recomienda consultar a un médico antes de usarlo.

Embarazo y lactancia: Aunque el jengibre se ha utilizado tradicionalmente para tratar las náuseas del embarazo, se recomienda precaución durante el embarazo y la lactancia. Se debe consultar a un médico antes de usarlo en estas etapas.

Interacciones:

Puede interactuar con ciertos medicamentos y suplementos, por lo que es importante tener precaución al combinarlo con otros tratamientos. Algunas interacciones conocidas incluyen:

Anticoagulantes: Debido a su capacidad para inhibir la agregación plaquetaria, el jengibre puede aumentar el riesgo de sangrado al combinarse con medicamentos anticoagulantes como la warfarina. Se recomienda supervisión médica si se utilizan ambos tratamientos.

Antihipertensivos: Puede tener efectos hipotensores, por lo que podría interactuar con medicamentos para la presión arterial alta. Se debe tener precaución y consultar a un médico antes de usar jengibre si se están tomando medicamentos para la hipertensión.

Es importante tener en cuenta que la información proporcionada aquí es general y no sustituye el consejo médico.

Malva (Malva sylvestris)

Descripción:
La malva es una planta herbácea perenne perteneciente a la familia de las Malváceas. Tiene un tallo erecto y ramificado que puede alcanzar una altura de hasta 1 metro. Sus hojas son grandes, palmadas y dentadas, con un color verde brillante. Las flores de la malva son en forma de embudo y varían en color, desde el rosa pálido hasta el púrpura intenso. Esta planta es conocida por su belleza y se utiliza tanto en jardines ornamentales como en la medicina tradicional.

Hábitat y cultivo:
La malva es originaria de Europa y se encuentra comúnmente en praderas, bordes de caminos y terrenos baldíos. Se adapta a diferentes tipos de suelos, aunque prefiere aquellos bien drenados y ricos en nutrientes. Esta planta puede crecer en climas templados y cálidos, tolerando tanto el sol directo como la sombra parcial. La malva se propaga fácilmente a través de semillas y también puede ser cultivada a partir de esquejes.

Partes utilizadas:
En la malva, se utilizan principalmente las hojas y las flores con fines medicinales. Las hojas se recolectan cuando la planta está en pleno crecimiento, mientras que las flores se recolectan cuando están completamente abiertas. Estas partes de la planta se secan y luego se utilizan para preparar infusiones, extractos o ungüentos.

Componentes:
La malva contiene varios componentes bioactivos que le atribuyen sus propiedades terapéuticas. Entre ellos se encuentran los mucílagos, que son sustancias gelatinosas que tienen propiedades emolientes y suavizantes. También contiene flavonoides, antioxidantes y compuestos fenólicos, que pueden tener efectos antiinflamatorios y antioxidantes.

Historia y tradición:

La malva ha sido utilizada durante siglos en la medicina tradicional de diferentes culturas. Se cree que los antiguos egipcios y griegos utilizaban la malva para tratar diversas afecciones, como enfermedades respiratorias, irritaciones cutáneas y problemas digestivos. Además, la malva ha sido considerada una planta sagrada en algunas tradiciones y se le atribuyen propiedades protectoras y mágicas.

Propiedades terapéuticas:

La malva se utiliza en la medicina herbal debido a sus propiedades terapéuticas. Se le atribuyen propiedades antiinflamatorias, emolientes, suavizantes y cicatrizantes. Por lo tanto, se utiliza para tratar afecciones respiratorias como la tos y el resfriado, así como problemas digestivos como la gastritis y la acidez estomacal. También se utiliza tópicamente para aliviar la irritación de la piel, como quemaduras leves, erupciones cutáneas y picaduras de insectos.

Curiosidades:

La malva, también conocida como Malva sylvestris, es una planta herbácea perenne que tiene algunas curiosidades interesantes asociadas a ella. Por ejemplo, la malva ha sido utilizada desde la antigüedad por sus propiedades medicinales y se le atribuían propiedades mágicas y protectoras. Además, esta planta es conocida por su belleza, ya que produce flores vistosas en tonos que van desde el rosa claro hasta el púrpura intenso.

Efectos adversos o secundarios:

Aunque la malva se considera generalmente segura, en casos raros pueden presentarse efectos adversos o secundarios. Algunas personas pueden experimentar reacciones alérgicas al entrar en contacto con la planta o al consumir sus partes. Además, el consumo excesivo de malva puede tener un efecto laxante y provocar diarrea. Es importante destacar que, al igual que con cualquier planta medicinal, es recomendable utilizarla con moderación y consultar a un profesional de la salud si se presentan efectos adversos.

Contraindicaciones:

No presenta contraindicaciones significativas, pero se recomienda precaución en ciertos casos. Por ejemplo, las personas con antecedentes de alergias o sensibilidad a otras plantas de la familia de las Malváceas pueden tener mayor riesgo de desarrollar reacciones alérgicas a la malva. Además, se aconseja evitar el uso de malva durante el embarazo y la lactancia, ya que no se han realizado suficientes estudios para determinar su seguridad en estas etapas.

Interacciones:
La malva no se ha asociado con interacciones significativas con medicamentos o suplementos. Sin embargo, siempre es recomendable consultar a un profesional de la salud si se está tomando algún medicamento o si se tienen condiciones de salud preexistentes antes de utilizar la malva de forma terapéutica. Esto es especialmente relevante si se están tomando anticoagulantes u medicamentos que puedan tener interacciones con hierbas o plantas medicinales en general.

Rusco (Ruscus aculeatus)

Descripción:
El rusco, científicamente conocido como Ruscus aculeatus, es una planta perenne que pertenece a la familia de las Liliáceas. Es originario de Europa y algunas partes de Asia, y se caracteriza por ser un arbusto de hojas perennes y rígidas. Sus tallos son verdes y ramificados, con espinas en forma de agujas en sus hojas, lo que le ha valido el nombre común de rusco picante. Produce pequeñas flores verdosas y frutos rojos en forma de bayas.

Hábitat y cultivo:
El rusco se encuentra principalmente en áreas boscosas y sombreadas, donde puede crecer en suelos húmedos y bien drenados. Es común encontrarlo en bosques de robles, hayedos y pinares. Puede ser cultivado en jardines y macetas, prefiriendo suelos ácidos y sombra parcial o total.

Partes utilizadas:
En términos de uso medicinal, se utilizan principalmente las

raíces y los rizomas. Estas partes de la planta contienen una variedad de compuestos beneficiosos que aportan propiedades terapéuticas.

Componentes:

El rusco contiene varios componentes activos, entre los que se encuentran los esteroides, saponinas, flavonoides y taninos. Estos compuestos son responsables de las propiedades medicinales asociadas con la planta.

Historia y tradición:

Tiene una larga historia de uso en la medicina tradicional europea. Desde la antigüedad, ha sido valorado por sus propiedades diuréticas, antiinflamatorias y venotónicas. Además, se ha utilizado para tratar problemas circulatorios, como la insuficiencia venosa y las hemorroides.

Propiedades terapéuticas:

Se utiliza en la fitoterapia debido a sus propiedades terapéuticas. Se le atribuyen beneficios como mejorar la circulación sanguínea, fortalecer las venas y capilares, reducir la inflamación y aliviar los síntomas de las hemorroides. También se ha utilizado para tratar trastornos del sistema linfático y para aliviar los síntomas de las piernas cansadas y las varices.

Curiosidades:

El rusco tiene algunas curiosidades interesantes asociadas a él. Por ejemplo, a pesar de que se le llama rusco picante debido a las espinas en sus hojas, en realidad no pertenece a la familia de las plantas picantes como los chiles. Además, las bayas rojas del rusco son venenosas para los humanos, por lo que no se deben consumir.

Efectos adversos o secundarios:

Aunque el uso del rusco es generalmente seguro cuando se utiliza de manera adecuada, se han reportado algunos efectos adversos leves en casos aislados. Estos pueden incluir malestar estomacal, náuseas, diarrea o reacciones alérgicas en personas sensibles. En caso de experimentar cualquier efecto secundario, se debe suspender su uso.

Contraindicaciones:

Aunque es considerado seguro para la mayoría de las personas, existen algunas contraindicaciones a tener en cuenta. No se recomienda su uso en mujeres embarazadas o en período de lactancia debido a la falta de evidencia suficiente sobre su seguridad en estas etapas. Además, las personas con trastornos renales o cardíacos, así como aquellos que toman fármacos anticoagulantes, deben evitar el uso del rusco sin consultar a un médico.

Interacciones:

Puede interactuar con ciertos medicamentos y hierbas, por lo que es importante tener precaución al combinarlo con otros tratamientos. Puede potenciar los efectos de los medicamentos anticoagulantes, como la warfarina, lo que aumenta el riesgo de sangrado. Además, puede interferir con la absorción de hierro, por lo que se recomienda separar la ingesta de suplementos de hierro de la toma de rusco.

Vid roja (Vitis vinifera)

La vid roja es una planta trepadora perteneciente a la familia de las Vitáceas, conocida por sus uvas de color rojo intenso y su uso en la producción de vino.

Descripción:

La vid roja es una planta perenne que puede crecer hasta alcanzar alturas considerables, llegando a superar los 10 metros de longitud en condiciones favorables. Sus hojas son grandes, de forma lobulada y con bordes aserrados. Durante el otoño, las hojas adquieren tonalidades rojizas, lo que le otorga su nombre común. Los racimos de uvas que produce la vid roja son pequeños y contienen bayas redondas o elipsoidales de color rojo oscuro o morado.

Hábitat y cultivo:

La vid roja es originaria de la región mediterránea, pero actualmente se cultiva en muchas partes del mundo. Es una planta que requiere un clima templado y suelos bien drenados para crecer adecuadamente. Se cultiva principalmente por sus uvas, que se utilizan en la producción de vino, aunque también se pueden consumir frescas.

Partes utilizadas:
En términos de uso terapéutico, las partes más utilizadas de la vid roja son las hojas y las uvas. Las hojas se recolectan durante el verano y se secan para su posterior uso en infusiones y extractos. Las uvas también se pueden utilizar en la preparación de remedios caseros.

Componentes:
Las hojas de la vid roja contienen varios compuestos bioactivos, entre los que se destacan los flavonoides, como la quercetina y la rutina. Estos compuestos son conocidos por sus propiedades antioxidantes y antiinflamatorias. También se encuentran en las hojas taninos, ácidos orgánicos y minerales como el potasio y el calcio.

Historia y tradición:
La vid roja ha sido cultivada y utilizada por el ser humano desde hace miles de años. Su cultivo se remonta a la antigua Mesopotamia y Egipto, donde se apreciaba tanto por sus uvas como por su valor simbólico y ceremonial. A lo largo de la historia, la vid roja ha sido asociada con la celebración, la buena salud y la longevidad.

Propiedades terapéuticas:
Se ha utilizado tradicionalmente en la medicina herbal debido a sus propiedades terapéuticas. Se considera útil para mejorar la circulación sanguínea, fortalecer los vasos capilares y reducir la fragilidad y permeabilidad de los mismos. También se le atribuyen propiedades antioxidantes y antiinflamatorias, lo que puede contribuir a la salud cardiovascular y aliviar los síntomas de trastornos circulatorios como las varices y la insuficiencia venosa.

Curiosidades:
La vid roja es conocida como una de las plantas más antiguas cultivadas por el ser humano, y se estima que su cultivo se remonta a más de 6.000 años.

Además de su uso en la producción de vino y en la medicina herbal, las uvas de vid roja también se utilizan para hacer jugos, mermeladas y otros productos gastronómicos.

La vid roja es una planta trepadora vigorosa y puede cubrir grandes extensiones, llegando a formar densas enredaderas en los viñedos.

Efectos adversos o secundarios:

Aunque la vid roja se considera generalmente segura para la mayoría de las personas, en algunos casos pueden producirse efectos adversos leves, como malestar estomacal, náuseas o diarrea. Estos efectos secundarios son poco comunes y suelen ser temporales.

Algunas personas pueden presentar reacciones alérgicas a la vid roja. Si experimentas síntomas como picazón, hinchazón o dificultad para respirar después de su consumo, es importante buscar atención médica de inmediato.

Contraindicaciones:

La vid roja puede tener efectos anticoagulantes y antiplaquetarios, lo que significa que puede interferir con la coagulación sanguínea. Por lo tanto, las personas que toman medicamentos anticoagulantes o antiplaquetarios, como la warfarina, deben evitar el consumo excesivo de vid roja o consultar a su médico antes de hacerlo.

Debido a la falta de información suficiente, se recomienda precaución en el uso de vid roja durante el embarazo y la lactancia. Es importante consultar con un profesional de la salud antes de utilizarla en estas etapas.

Interacciones:

Puede interactuar con ciertos fármacos, como los anticoagulantes, antiplaquetarios, antiinflamatorios no esteroides (AINE) y fármacos para la presión arterial. Puede potenciar los efectos de estos medicamentos, lo que puede aumentar el riesgo de sangrado o afectar la eficacia de los fármacos para la presión arterial. Si estás tomando alguno de estos medicamentos, es esencial hablar con tu médico antes de consumir vid roja.

"Tu Bienestar, mi Misión"

Gracias por interesarte en este proyecto. Escribir sobre salud natural no es solo mi trabajo: es mi verdadera pasión. Dedico cada día tiempo, investigación y amor para convertir los conocimientos en herramientas prácticas y accesibles que puedan ayudarte a mejorar tu calidad de vida, cuidar tu salud de manera natural y enfrentar tus desafíos con confianza.

Este libro no es simplemente un producto: es un puente entre mi experiencia y tu deseo de transformar tu bienestar. Cada palabra, cada investigación y cada página han sido creadas con el compromiso de proporcionarte contenido útil y transformador, pensado para acompañarte en tu camino hacia una vida más saludable.

Como autora independiente, la venta de estos libros no solo respalda mi labor y misión, sino que también es el principal sustento para mi familia. Tu decisión de adquirir este libro tiene un impacto directo: me permite seguir creando obras accesibles y llenas de valor para personas como tú, que buscan mejorar su vida con soluciones naturales y responsables.

Tu honestidad al comprar y valorar mi trabajo es fundamental para que este proyecto continúe. Espero que este libro te inspire, te guíe y marque una diferencia positiva en tu vida. Gracias por permitirme ser parte de tu bienestar.

NOTA FINAL

Muchas gracias por escoger este libro para acompañarte en tu camino hacia una salud plena. Si la información, los consejos y/o los remedios que aquí comparto te resultan útiles, ¿me harías un gran favor? Dedicar un minuto a dejar tu reseña o valoración (varias estrellas) es una forma increíble de ayudarme a seguir creando contenido valioso y, a la vez, de orientar a otras personas que, como tú, buscan mejorar su salud y bienestar. ¡Mil gracias por formar parte de esta comunidad de bienestar!

Con gratitud,

Isabel

Nota importante sobre la impresión y el envío:
Todos mis libros en papel son enviados a imprimir y distribuidos exclusivamente por Amazon y sus imprentas asociadas. Si tuvieras algún problema con la calidad de la impresión o con la entrega, por favor, contacta directamente con su servicio de Atención al Cliente para solucionarlo.

Como autora, no tengo control sobre estos procesos, así que te agradecería enormemente que tus reseñas se centrasen únicamente en el "contenido, remedios o información" de esta obra. Algunos lectores dejan valoraciones negativas por cuestiones de envío o encuadernación, desconociendo que, por desgracia, escapan totalmente a mi gestión y resolución. ¡Gracias de corazón por tu comprensión!

LIBROS DE LA AUTORA

- **ALERGIAS**. Alimentos, Hierbas y Suplementos
- **ANSIEDAD**. Alimentos y Plantas Medicinales
- **ARTRITIS**. Alimentos y Plantas Medicinales
- **ARTROSIS**. Alimentos y Plantas Medicinales
- **COLESTEROL**. Alimentos y Plantas Medicinales
- **DIABETES**. Alimentos, Hierbas y Suplementos
- **ESTREÑIMIENTO**. Alimentos y Plantas Medicinales
- **FIBROMIALGIA**. Alimentos y Plantas Medicinales
- **GASTRITIS**. Alimentos y Plantas Medicinales
- **HEMORROIDES**. Alimentos y Plantas Medicinales
- **HIPERTENSIÓN**. Alimentos y Plantas Medicinales
- **INSOMNIO**. Alimentos y Plantas Medicinales
- **MENOPAUSIA**. Alimentos y Plantas Medicinales
- **REFLUJO**. Alimentos y Plantas Medicinales
- **SIBO**. Alimentos y Plantas Medicinales
- **VARICES**. Alimentos y Plantas Medicinales

"Raíces que Inspiran:
De los Obstáculos a Nuevos Horizontes"

Nacida en 1971, en Gáldar, Gran Canaria, Isabel creció en un entorno cargado de tradición y sabiduría ancestral. Rodeada de los conocimientos de su tierra, aprendió desde pequeña a apreciar el poder sanador de las plantas medicinales, los remedios caseros y la importancia de la alimentación como pilares para cuidar la salud del cuerpo y el alma. Este legado, transmitido de generación en generación, no solo marcó su infancia, sino que encendió en ella una pasión profunda por la medicina natural, una pasión que más tarde se convertiría en el motor de su vida.

El camino, sin embargo, no fue fácil. En su juventud, Isabel se enfrentó a una etapa llena de desafíos: tras separarse, asumió sola la responsabilidad de criar a sus hijas. Eran tiempos complicados, donde la maternidad la empujaba al límite de su fortaleza, pero también alimentaba su determinación de seguir adelante. A pesar de los momentos de incertidumbre, nunca flaqueó. Su fuerza residía en una convicción férrea: mantenerse fiel a sus valores y a su conexión con la salud natural, que siempre había sido su refugio e inspiración.

Lejos de detenerla, las adversidades avivaron su pasión por aprender. Robaba horas al día y a la noche para sumergirse en libros, estudiar plantas medicinales y explorar nuevas formas de sanar. Durante años, dedicó cada momento disponible a estudiar naturopatía, nutrición y terapias complementarias. Todo su esfuerzo no solo ha beneficiado a su familia, sino que ha dejado una huella en las muchas personas que han acudido a ella buscando consejo, confianza y una guía clara para transformar sus vidas.

El verdadero punto de inflexión llegó en los años 90, cuando, decidida a profesionalizar su vocación, se formó como terapeuta en naturopatía y salud alternativa. Esta decisión fue el catalizador que abrió nuevas puertas y multiplicó su impacto. Su conocimiento, junto con su pasión genuina, la impulsó a ayudar a un mayor número de personas; cada historia de sanación reforzaba su propósito, mientras reconstruía su vida desde su pasión por ayudar.

Pero su espíritu inquieto aún deseaba más. En 2017, impulsada por el deseo de inspirar y guiar desde la distancia, dio un paso audaz: comenzó a escribir con el propósito de compartir todo lo que había aprendido. Sus libros, nacidos desde la experiencia y redactados con un lenguaje auténtico y cercano, no solo transmiten conocimientos, sino que también empoderan a quienes buscan vivir con más salud y equilibrio. Cada página refleja su calidez, ofreciendo recetas, consejos y alternativas naturales que invitan a sus lectores a una transformación desde lo más esencial.

Hoy, las obras de Isabel han tocado la vida de muchas de personas, especialmente aquellas que enfrentan incertidumbre sobre su salud o buscan reconectar con un estilo de vida más consciente. Su historia es un recordatorio de que, incluso en las pruebas más difíciles, es posible encontrar un propósito mayor. Su resiliencia y constancia han hecho posible no solo transformar su propia vida, sino también iluminar el camino para quienes buscan bienestar en la conexión entre lo natural y lo humano. Su legado y trabajo son una celebración de la vida en armonía con la naturaleza y de la conexión entre lo humano y lo natural—una prueba viviente de que los obstáculos pueden convertirse en cimientos para construir nuevos horizontes, y una invitación a cuidarnos desde el respeto, la consciencia y nuestra relación con la naturaleza.

BIBLIOGRAFIA Y ESTUDIOS CIENTIFICOS

1. "Plantas Medicinales: El Dioscórides Renovado" - Pío Font Quer

2. "The Green Pharmacy" - James A. Duke

3. "The Complete Medicinal Herbal" - Penelope Ody

4. "La Guía de las Vitaminas y Suplementos" - Sheldon Saul Hendler

5. "Herbal Medicine: Biomolecular and Clinical Aspects" - Iris F. F. Benzie y Sissi Wachtel-Galor

6. "Phytotherapy: A Quick Reference to Herbal Medicine" - Francesco Capasso

7. "Healing Herbs: A Beginner's Guide to Identifying, Foraging, and Using Medicinal Plants" - Tina Sams

8. "Plantas Medicinales y Curativas" - Jorge D. Pamplona Roger

9. "The Herbal Drugstore" - Linda B. White y Steven Foster

10. "The Encyclopedia of Medicinal Plants" - Andrew Chevallier

11. "Guía Práctica de las Vitaminas, Minerales y Suplementos Nutricionales" - Sarah Brewer

12. "A Modern Herbal" - Maud Grieve

13. "The Complete Guide to Herbal Medicines" - Charles W. Fetrow y Juan R. Avila

14. "Plantas Medicinales de Uso Tradicional en México" - Antonio Martínez y Xóchitl Hernández

15. "The New Healing Herbs: The Classic Guide to Nature's Best Medicines" - Michael Castleman

16. "Materia Médica: Plantas de Uso Terapéutico" - Mónica Koppel

17. "Herbal Remedies" - Asa Hershoff

18. "Plantas Medicinales de América Latina" - Nelson Papavero

19. "The Herbal Medicine-Maker's Handbook: A Home Manual" - James Green

20. "Manual de Fitoterapia" - J. L. Berdonces

ESTUDIOS CIENTÍFICOS

1. "Horse-chestnut seed extract for chronic venous insufficiency" - Siebert, U., Brach, M., & Lehmacher, W.

2. "Review of the horse chestnut seed extract: efficacy in the treatment of chronic venous insufficiency" - Pittler, M. H., & Ernst, E.

3. "Horse chestnut extract for venous insufficiency" - Sirtori, C. R.

4. "Diosmin: A review of its pharmacological properties and therapeutic efficacy in venous insufficiency and related disorders" - Lyseng-Williamson, K. A., & Perry, C. M.

5. "Micronized purified flavonoid fraction (MPFF): a review of its use in chronic venous insufficiency, venous ulcers and haemorrhoids" - Falanga, V., & Eaglstein, W. H.

6. "Diosmin treatment for varicose veins and venous insufficiency: A systematic review and meta-analysis" - Robertson, L., & Evans, C.

7. "The efficacy of escin in the treatment of chronic venous insufficiency: a systematic review of randomized controlled trials" - Pittler, M. H., & Ernst, E.

8. "Aescin: pharmacology, pharmacokinetics and therapeutic profile" - Sirtori, C. R.

9. "The efficacy of escin in the treatment of venous disorders: a review of the literature" - Belcaro, G., & Dugall, M.

10. "Ginkgo biloba extract in the treatment of patients with

peripheral arterial occlusive disease: a controlled trial" - Peters, H., & Kieser, M.

11. "The influence of Ginkgo biloba on blood viscosity and red cell deformability in patients with peripheral arterial occlusive disease" - Jung, F., & Mrowietz, C.

12. "Ginkgo biloba extract and long-term ambulatory venous pressure: a randomized, double-blind clinical trial" - Cluzan, R., & Alliot, F.

13. "Hesperidin: Therapeutic Potential in Venous Insufficiency and Beyond" - Garg, A., & Garg, S.

14. "Hesperidin in the treatment of chronic venous insufficiency" - Mariani, P., & Mariani, F.

15. "Effect of hesperidin on capillary permeability" - Faggiotto, A., & Rossato, P.

16. "Niacin and vascular function: a review of evidence-based mechanisms" - Kamanna, V. S., & Kashyap, M. L.

17. "Niacin: an old drug with a new twist" - Ganji, S. H., & Kamanna, V. S.

18. "The role of nicotinic acid in the management of dyslipidemia" - McKenney, J. M., & Proctor, J. D.

19. "Effects of rutin and flavonoids on venous insufficiency: a systematic review" - Martínez, M. J., & Vicente, M.

20. "Rutin in venous disease: a review" - Belcaro, G., & Cesarone, M. R.

21. "Rutosides as a treatment for chronic venous insufficiency: a meta-analysis of randomized controlled trials" - Martínez-Zapata, M. J., & Moreno, R. M.

22. "Vitamin C and vascular health" - Carr, A. C., & Frei, B.

23. "The role of vitamin C in prevention and treatment of venous disease" - Padayatty, S. J., & Levine, M.

24. "Vitamin C supplementation reduces the occurrence of complex regional pain syndrome in foot and ankle surgery" - Zollinger, P. E., & Tuinebreijer, W. E.

25. "Vitamin E and cardiovascular health: the anti-inflammatory perspective" - Devaraj, S., & Jialal, I.

26. "The role of vitamin E in the prevention of atherosclerosis and chronic venous insufficiency" - Riccioni, G., & Bucciarelli, T.

27. "Vitamin E supplementation in cardiovascular disease prevention: a meta-analysis" - Myung, S. K., & Ju, W.

28. "Equisetum arvense in the treatment of venous insufficiency: a review" - Vieira, M. R., & Silva, M. P.

29. "The use of Equisetum arvense (horsetail) in the treatment of venous disorders" - Blumenthal, M., & Goldberg, A.

30. "Cola de caballo: propiedades y aplicaciones en la insuficiencia venosa" - García, M. J

31. "Hamamelis extract in the treatment of chronic venous insufficiency: a review" - Wananukul, S., & Chatproedprai, S.

32. "The role of witch hazel in vascular health and venous insufficiency" - Wendt, M., & Müller, T.

33. "Hamamelis extract for the treatment of varicose veins: a systematic review" - Greeske, K., & Pohlmann, B.

34. "Ginger (Zingiber officinale) in the treatment of vascular disorders: a review" - Ali, B. H., & Blunden, G.

35. "The effects of ginger on human health: a comprehensive review" - Mashhadi, N. S., & Ghiasvand, R.

36. "Ginger and its effect on blood circulation and vascular health" - Thomson, M., & Al-Qattan, K. K.

37. "Malva sylvestris: A review of its traditional uses, phytochemistry, and pharmacological properties" - Barros, L., & Carvalho, A. M.

38. "The potential of Malva sylvestris in the treatment of venous insufficiency" - Aktay, G., & Deliorman, D.

39. "Malva extracts for vascular health: a review" - Conforti, F., & Menichini, F.

40. "Ruscus aculeatus extract in the treatment of chronic

venous insufficiency: a meta-analysis" - Pittler, M. H., & Ernst, E.

41. "The efficacy of Ruscus in the management of venous disorders: a review" - Belcaro, G., & Cesarone, M. R.

42. "Ruscus aculeatus in venous insufficiency: a systematic review" - Vanscheidt, W., & Rabe, E.

43. "Vitis vinifera (red vine leaf) extract in the treatment of chronic venous insufficiency: a systematic review" - Diehm, C., & Trampisch, H. J.

44. "The role of red vine leaf extract in vascular health" - Cesarone, M. R., & Belcaro, G.

45. "Clinical efficacy of red vine leaf extract in chronic venous insufficiency: a meta-analysis" - Belcaro, G., & Nicolaides, A. N.